引爆演说

你的演说价值百万

徐一栋◎著

TIPPING SPEECH

Your speech is worth millions

中国纺织出版社有限公司
国家一级出版社
全国百佳图书出版单位

内 容 提 要

演说，在当今社会无论是对于个人成长，还是企业发展都有着强大的推动作用。无论是演说者本人，还是听众，在演说活动中都能获得成长和启迪。本书作者结合自身多年演说经验，从实战出发、高屋建瓴，从成功演说的技术准备、心理训练、专业技能及危机处理等方面全面解析如何实现成功演说。

图书在版编目（CIP）数据

引爆演说：你的演说价值百万 / 徐一栋著. -- 北京：中国纺织出版社有限公司，2020.3
ISBN 978-7-5180-7113-5

Ⅰ.①引… Ⅱ.①徐… Ⅲ.①演讲－语言艺术－通俗读物 Ⅳ.①H019-49

中国版本图书馆CIP数据核字（2020）第002540号

策划编辑：史 岩　　责任校对：王惠莹　　责任印制：储志伟

中国纺织出版社有限公司出版发行
地址：北京市朝阳区百子湾东里A407号楼　邮政编码：100124
销售电话：010—67004422　传真：010—87155801
http://www.c-textilep.com
中国纺织出版社天猫旗舰店
官方微博 http://weibo.com/2119887771
三河市宏盛印务有限公司印刷　各地新华书店经销
2020年3月第1版第1次印刷
开本：710×1000　1/16　印张：17
字数：265千字　定价：49.00元

凡购本书，如有缺页、倒页、脱页，由本社图书营销中心调换

前言
PREFACE

曾几何时，我就有一个想法，想写作一本书，把自己多年的经历记述下来，让人们能够通过文字来了解我！但这个计划却迟迟没有实现，直到今年我终于鼓起勇气将十年来的舞台经验写成书籍，让更多的演说爱好者找到更好的方法让自己从优秀到卓越！

作为一个社会人，我对演说有着深切的热爱，为了能在台上讲好每一句话，我背井离乡，一个人来到都市打拼，被拒绝过、被嘲笑过、被打击过，但我从来没有放弃过，我渴望成为超级演说家的心从来没有改变过！

在这期间，我做过销售，从事过互联网营销，曾经一度债务缠身、付不起房租、不被人理解、感情失败、三次创业均告失败……但这些最灰暗的日子却造就了我坚强的性格，让我有了今天的成就。

顾名思义，演说演说，会演会说、会说会演、能说会演、能演会说、演在前、说在后，只要掌握了演说的技巧和方法讲话就可以侃侃而谈、行云流水、滔滔不绝。有很多学员问我，演说是不是一种天赋，我的回答是“no”！演说是一种能力，通过艰苦训练你也可以获得这种让人羡慕的能力，我就是一个实打实的例子！只要你肯努力肯付出，仔细阅读本书，你也可以成为超级演说家。

就我本人而言，我小的时候有一个习惯，就是讲话时习惯打手势，我只要这样我妈妈就会打我，并教导我说：“讲话就认真讲话不要打手势，这会给人一种不稳重的感觉。”长大后我才知道，讲话打手势其实是一种肢体语言。毕业后，我选择了一份销售工作，在销售岗位上一做就是五年，除了维持基本生活没有取得什么成就，但是我从来没有放弃过。一个很偶然的机会，2008年年底，我参加了一个活动，活动现场我认识了一位朋友，就是因为这位朋友我接触到了教育培训行业，从而开启了我教育培训行业的职业生涯，最初我不敢上讲台、不敢讲话，紧张得直打哆嗦，直到后来，我可以在几百人、几千人，甚至上万人的舞台上去分享知识和智慧。我爱上了这个职业，也可以说是爱上了这个事业，因为刚开始我把它当成了一个工作，后来发现越来越爱这个行业，于是就把它当成了终身奋斗的事业。在我从事这项事业的时候我渐渐发现生命开始发生了翻天覆地的变化，不仅是我自己事业上的改变，更重要的是我在这里找到了真正的自己。在此后从事教育培训行业十余年的时间里，从接触人和事到自己开公司办企业、做课程，我的整个人生轨迹发生了变化，我从来没有想过来自农村的我可以不靠父母去创造属于自己的一片天地。我每一年的成长和变化都来源于演说这个事业，头顶那么多的光环，鲜花和掌声曾经一度让我迷失自己，直到创业三起三落后，我才渐渐沉淀下来，真正的用演说去改变更多人的命运、用演说去征服一切、用演说去承载一切。

每当夜深人静的时候，我时常会想，数以亿计的人渴望改变，想要过上幸福的生活，而这几年，我一边创业、一边摸索、一边总结，终于总结出了一套简单有效的演说方法，当我打开计算机并把它们记述下来的时候，我终于发现，原来自己成为演说家的过程是这样的清晰可见。拥有演说梦想，不断去学习，找到人生的教练，找到适合自己发展的平台，经得住折磨，受得住打击……

为了帮助更多的人实现自己的演说梦想，我将这些笔记整理成书籍，就是想把自己过去十余年的经验整理出来，让更多的创业者学会演说，让更多的小企业老板学会路演招商，让更多的演说爱好者提升演说能力！

希望读者朋友们能够仔细读完这本书，走进笔者的世界去好好的认识一下演说这份事业！希望它能对你的演说之路有所帮助！

仔细读完这本书，你也可以成为超级演说家！

希望每一位读者都能成就自己的演说梦！

如您有关于《引爆演说：你的演说价值百万》更好想法与建议，请发送邮件至作者邮箱 xuyidong1986@163.com，期待与您一起在演说道路上更进一步！

徐一栋

2019 年 9 月

目录
CONTENTS

第八章 不要独霸舞台，让现场动起来

第九章 提高说服力，小嘴也能动

第十章 及时救场，局面不失控

附　录

第一章
小演说，大作用

为什么要引爆演说?

引什么？引导顾客主动消费，引领社会前沿趋势。

爆什么？爆炸你的业绩倍增，爆破你的思维模式。

演什么？演绎你的精彩人生，演好人生每一场戏。

说什么？说出你的世界，你说我们听。

演说的价值

演说演说

能演能说、会演会说

能说能演、能演能说

能演会说、能说会演

会演能说、会说能演

演什么？演人生、演生活、演绎生命

说什么？说人话、人说话、说给人听

卡耐基曾经说过："一个人的成功，只有15%取决于知识和技能，85%取决于沟通。"如今，演说的作用日益凸显，即使你再有才能，但说服能力不强，也无法将自己的所思所想很好地表达出来，从而也就很难得到他人的肯定与认可。

演说，具有强大的社会推动作用，无论是演说者本人，还是台下的听众，在演说活动中都可以得到教导、受到启发。演说的价值无法用简单的笔墨加以描述，但依然可以概括出一些共性价值。

1. 演说，对演说者的帮助

（1）展现个人才华

人生无处不推销，如果你不会推销，你的人生就不会很精彩。只有善于推销自己，才能赢得更好的职位、友情和爱情。那么，如何推销自己呢？演说就是一种“高大上”的自我推销方式，通过这种方式，你就能向听众展现自己的思想、情感、价值观念、人品和能力等，才能使自己的才华得到他人和社会的认可，并为未来奠定基础。

（2）促进个人成长

演说者都不是天生的，需要经过后天的努力。优秀的演说者都能在台上慷慨陈词，听众都能被他们的风采所折服，但是“台上三分钟、台下十年功”，要想取得演说的成功，不仅需要积累丰富的人生经验，还要不间断地学习和练习。如此，在不知不觉中，个人也就得到了成长。

（3）拓展交际范围和视野

生活中，人与人之间需要情感和思想交流，而演说就是一种高级的社交形式。当演说者四处做演说的时候，也就和众人建立起了亲密的关系，视野也会更加开阔。而且通过演说，不仅能增进人们之间的了解和友谊，还可以提高生活质量、促进工作的顺利完成。

（4）助力职务竞聘

如今，很多企业和单位都实行竞聘上岗，如果一个人善于演说，自然也就更加可能获得理想职位。

2. 演说，给听众带来的好处

（1）学到知识

演说是一种比较高级的语言表达形式，对人的感官刺激是多方面的，视觉和听觉都能同时体会到，能够高度调动人们的注意力，促进人们的思维活动，并使听众在认知、情绪、意志等方面受到影响，加深对知识的理解，增强学习效果，因此，演说始终都是传播科学知识、提高文化素养的重要形式。

（2）提高美感

演说是口头语言和态势语言的完美结合，为了达到更好的演出效果，演说者在登台演说之前，必然会进行反复演练或试讲。比如，某个手势动作不雅观，必须去掉；某句话需要进行处理，否则就无法震撼人心，无法使人精神愉悦，给人以美感。

（3）获得真理

成功的演说更重要作用是能告诉听众：什么是对的、什么是错的、什么是值得去做的、什么是红线千万不能去碰的。从演说中，听众能够辨别是非、获得真理，受到感染和启发，并内化为自己的人生信条，指导自己的实际行动。

（4）激发行动

演说的最终目的之一就是，唤起听众对生活、学习、工作的高度责任感，激发他们的主动性、积极性和创造性，使之参与到社会活动中来。

3. 演说，有益于社会

（1）弘扬正气

演说历来都是社会斗争的主要工具之一。古今中外所有正义的演说者，都是用强大的演说武器，启迪心灵，宣传真理，弘扬正气，唤醒民众，促进文明的发展，推动社会的进步。

（2）培养情感

演说的时候，演说者会用正确的道德情感去感染和影响听众，培养听众的高尚情怀。比如，追求真善美、集体主义、爱国主义情怀、革命英雄主义情怀等……

……

演说，无论对演说者本人，还是听众，亦或是社会，都有着巨大的作用。因此，掌握必要的演说技能非常重要。

那么，如何才能提高个人的演说能力呢？首先，要做好准备；其次，要有个精彩的开场白；最后，要重视演说过程的细节。比如，心态平和、语言赋予逻辑性、重视肢体动作、声音美好、现场互动、善于救场、完美结尾等。

英国首相丘吉尔曾说：“一个人可以面对多少人，就代表这个人的人生成就有多大。”拥有优秀的演说能力，能在最短的时间影响最多的人，为立足社会、快速获取成功做准备。你准备好了吗？如果没有，就认真阅读这本书吧！

必须从骨子里坚定自己此生一定会成为演说大咖，这辈子是一个干大事的人！记住，你的演说价值百万！

演说能够提升个人的影响力

演说能力是提高个人影响力的秘诀之一

口才对于一个人未来的重要性不言而喻。演说能力卓越的人，一般都有着较强的个人影响力。不仅仅是现在，纵观古今都是如此。

春秋时期，张仪因在秦国推行合纵策略而闻名四方，那时他就知道“舌头”的珍贵。张仪初到楚国进行游说时，恰巧令尹家丢失了玉壁，主人认定张仪是窃贼，对他严刑拷打，逐出家门。回家后，妻子叹气说："你如果不读书游说，怎么会受到这样的奇耻大辱？"

可是，张仪没有一点羞愧之色，反而答非所问的问妻子："你看看我的舌头还在吗？"因为他知道只要自己的舌头在，只要能说话，就有飞黄腾达的希望。后来，张仪果然靠着好口才扶摇直上、平步青云。

综观古今中外的政治家、军事家、外交家和社会活动家等知名人士，多数都是才思敏捷、口齿伶俐、善于表达的语言大师。

苏格兰谚语说："活着就不要沉默，因为死后你将要沉默很长一段时间。"李开复也说过："一个有思想而不会表达的人等同于没思想。"当今社会，你需要有出色的表达能力，需要让人们意识到并确定你的存在。比如，企业招商要想取得成功，要想在同行中脱颖而出，领导者就要掌握演说技巧，掌握一整套完善且行之有效的演说系统。因为，领导者的演说魅力就是企业的超级影响力。

领导者走上台，企业的魂就在，演说力也是企业的核心竞争力！纵观古今中外的一切业绩或成就卓越的领导者，无一不是演说高手，这样的演说力，也是他们在行业中成为佼佼者的竞争力。

一、每个人都是个人最好的代言人

美国管理学家汤姆·彼得斯有一句被频繁引用的名言："21 世纪的工作生存法则，就是建立起个人品牌。"是什么让个人频频出境为自己的企业背书、站台，是什么让个人能够塑造闪亮的企业品牌？越来越多个人站出来为自己代言，从王石、潘石屹、刘强东、雷军到我们熟知的陈欧，新生代的个人也开始从幕后走到台前，化身为广告代言人，让个人形象随着 CEO 本身的形象深入人心，达到最佳宣传效果。

运用演说，用自己的形象为自家产品宣传，把公司品牌和个人形象关联起来。在产品的宣传过程中，更容易产生共鸣和欣赏。如果你是一家公司的领导者，在各种社交及商业场合去表达公司的理念、愿景及使命，就会成为一种常态化的工作方式。

二、精明之人都善用语言激发共同愿景

优秀的个人都善于发挥演说的作用：激励和鼓舞他人；与他人建立合作与信任的关系；妥善解决冲突；消除他们在不稳定环境中的恐惧感与无力感；提供准确的信息，使他们做出正确的行为；提供反馈信息，使他人认识到如何更好地改进自己。

讲演的终极目标是什么？释放能量，影响他人，采取行动！读稿、背稿、念ppt，无异于谋财害命，没有人会信任一个言语表达中没有情感的人，而情感却是从眼神、表情、肢体和语音语调中流淌出来的。一定要记住，人类所有的理智和意识是把人（听众）往回拉，只有情感能将人们往前推。

未来个人的第二身份就是演说大师，要通过语言的力量，统一思想、统一目标、统一行动，带领他人往前走。

三、赢得信任，使他人能行动

个人的演说力就是影响力：赢得合作伙伴信任，就能获得更多的支持和帮助；赢得客户信任，就能快速提高成交率与业绩；获得员工的信任，就能让员工有主人翁精神，增加团队凝聚力。

个人的演说魅力，不仅能让自己的实力不断壮大，实现资源整合，还能让个人在众多的参与者中崭露头角，获得他人的青睐。

个人的演说力之所以是竞争力，是因为他不仅要通晓各类知识，还要有驾驭一切的雄才大略，善于高效表达，能够获得更多的机会和支持，做行业的引领者；还要熟悉领导艺术，掌握与他们交往的技巧，用语言激励他人，用语言魅力影响他人；更要传播文化，打造个人品牌，为社会和企业代言。

如何拥有好口才

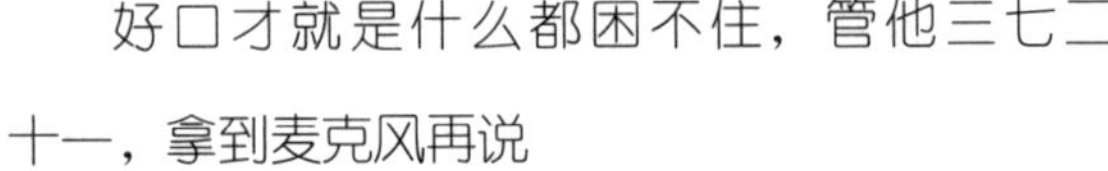

演说是一门语言艺术，其主要形式是“讲”，即运用有声语言并追求言辞的表现力和声音的感染力；同时，还要辅之以“演”，运用面部表情、手势动作、身体姿态乃至一切可以理解的态势语言，使演说艺术化，产生一种特殊的艺术魅力。

演说表达的主要特点是“讲”，对演说者来说，写好演说词，不一定就讲得好。有文才，能够写出好的演说词，不一定能讲得娓娓动听。真正的演说者，既要善写，还要会讲，即既要有文才又要有口才。

从某种意义上说，口才比文才更重要！如果演说者讲话哼哼哈哈，拖泥带水，“这个”“那个”一大串，即使拥有超凡脱俗的智慧、有深刻广博的思想内容，也无法让别人接受你的观点。

好口才，能够改变个人的命运。心里有知识却倒不出来，不善于发言，不善于表达，个人成长经历就会逊色很多。优秀的演说者不仅会说，还会做，能用语言感染身边的每一个人。

当然，要想个人命运发生改变，要想拥有一副好口才，首先就要做到五个“多”。

一、多观摩

多学习，多模仿，是快速提高演说能力的便捷途径。一个人之所以能够很快取得演说的成功，一个原因就是借鉴了成功人的经验，多向成功之人学习。因此，想练得一幅好口才，就必须多观察著名的演说家、主持人是如何表达自己的。同时，将对方的方法进行思考和内化，转变成自己的能力。

如今，可以学习的材料来源有很多，如网络视频、手机 APP。只要有心，找到适合自己观摩的视频资料，多加学习，不断模仿，就能提高自己的演说力。

二、多朗读

朗读不但可以开阔自己的思路，还可以锻炼自己的口才。大声朗读，是锻炼口才最快的途径，可以培养自己的自信心，也能纠正自己的发音。勤朗读，可以让自己找到自信，发掘出自己的潜力，让自己有底气做一位能说的人。

当然，朗读的时候要选择合适的材料，可以看看优秀演说者的演说稿。读一读，品一品，看看自己能否读出原演说者的味道。

三、多聊天

多和别人聊天，不仅可以开拓自己的思路，还能锻炼自己的口才，继而在聊天的过程中形成自己的观点。

当然，跟别人聊天一定不要急着抢答。优秀演说者说出的每句话都是经过深思熟虑的，在做出下一个重要的决定之前，要让自己先思考几秒钟，提高说服力。

四、多积累

积累知识是提高口才的必经之路，肚子里没知识，自然就讲不出道理。因此，要想提高演说效果，要想改变个人命运，就要多积累。不仅要多读管理书籍，还要熟悉背诵一些经典名言，并勤加练习，需要的时候才能脱口而出。

五、多看书

书可以武装自己的头脑，丰富自己的思想，点燃自己的灵魂。多看书，才能积累更多的知识，才能知道别人不知道的事；只有知识多了，才能出现更多的想法，才能更好地表达自己的观点。

语言，可化干戈为玉帛

人与人之间发生矛盾，善于用语，就能化被动为主动，避免冲突的出现

生活中，锅勺相碰是寻常事，唇齿相依也会磕伤。与人相处，不可能一直都和和美美、一帆风顺，其间会遇到很多问题，有欢乐和幸福，也有痛苦和忧愁。回想一下，你是否曾和他人因为一桩小事、一句话、一个眼色或一个动作产生争执与矛盾，爆发尖锐的冲突，闹得

彼此都不愉快？那么，如何用语言来化解矛盾呢？

出现这种问题并不可怕，可怕的是不能正确应对。发生矛盾或争吵时，完全可以主动岔开话题，巧妙地运用幽默去化解矛盾。诙谐幽默的话语会消减人的怒气，能使人与人化干戈为玉帛，不至于发生针尖对麦芒的交锋，使彼此的相处更和谐、更温馨。

有一对夫妻平时很恩爱，这天丈夫因在外喝酒回家晚了，妻子同他吵起了架。盛怒之下，妻子气哼哼地嚷道："天哪，这哪像个家！我再也不能在这样的家里待下去了！"说完，她就拎起自己放衣服的皮箱，夺门冲了出去。

看到妻子如此生气，丈夫有些后悔，心想有什么大不了的事，为何一定要吵架呢？真傻！但他知道，妻子是个倔脾气，现在怎么劝都不会听的。于是，也大叫起来："等等我，咱们一起走！天哪，这样的家有谁能待下去呢！"他拎上自己的皮箱，赶上妻子，并把她手中的皮箱接了过来。

看到丈夫如此可笑的行为，妻子不由得"扑哧"一声笑了。随后，怒气未消地抱怨道："当初真不知怎么会看上你，真是一朵鲜花插在了牛粪上。"

丈夫笑嘻嘻地回答："对，我就是牛粪，所以养得你如此年轻漂亮。"妻子娇嗔着打了丈夫几拳，夫妻和好。

语言能化解人际关系的冰霜，增进人际的和谐，避免可能发生的冲突。

学会用语言处理人与人之间的问题，还担心跟他人相处不好？更何况，两个人之间本来就没有什么大不了的事情，也没有绝对的谁对谁错。无论遇到怎样的问题，都没有必要严肃认真、正儿八经地理论。

少一些是非道理的计较，多一些活泼俏皮的幽默。人在发生矛盾和冲突的时候，只要撇开愤怒，抛弃争吵，不急于争辩谁对谁错，主动去调节，即使对方脾气大发、怒气冲冲，也会做出下意识的、收敛怒气的反应。不知不觉的，彼此的不快也就被化解了。

比如，如果同事跟你生气了，满脸怒气，一声不吭，你完全可以拿上一面小镜子走到他身边，把镜子放在他面前，笑着说："亲爱的，快照一照吧，看你的嘴噘得有多么高，都能拴住一头倔驴了！"这句话虽然说是胡说八道的歪理，但却可以让他转怒为喜，让彼此间的不快在轻松的氛围中消失。

需要注意的是，如果一方提出的是较为轻松愉快的话题，另一方就不要不理不睬或一问三不知，更不要给对方泼冷水，要积极地去配合。

言辞善达，事业定会一帆风顺

工作或事业，同样离不开良好的演说能力

自古以来，能够圆润通达的人，多数都是能言善辩之人；不善于讲话的人，一般都处世艰难，甚至遭遇失败。

难怪有人说："一言能兴邦，一言能丧国；一人之辩重于九鼎之宝，三寸之舌强于百万之师。"对个人来说，一言不慎，可以让人身败名裂，成为众矢之的；出言机智、言语幽默、应对自如，就能驾驭他人，事事通达。

戴尔·卡耐基在谈及口才时就曾强调说："好口才是所有成功者的共同特点。"是的，命运的好坏，人生的成败，往往取决于口才的好坏。

善于演说，既是一个人事业成功的保障，又能加速其事业成功的进程。对于不懂得说话的人来说，事业成功之路就会荆棘遍布，进程缓慢。

一、口才是事业成功的保障

"祸从口出，福从嘴来。"告诉我们，"说话"既能成为一个人成功的绊脚石，又能成为一个人成功的铺路石，关键就在于你对说话的把握是否有"度"。

随着时代的发展与社会的进步，当今社会已经成为一个竞争与合作并存的信息化社会，好口才不仅是人们的生活所需，还直接影响着个人的事业。

生意人谨遵"金口玉言，利益攸关"的准绳，职场上有"一言定乾坤"之说，生活中更有"一言既出，驷马难追"的精辟言论。可见，好口才确实会对一个人的成功与否造成影响。

晓丽毕业后，如愿以偿地到一家报社当记者。在试用期间，她一直保持着淑女般的矜持，从来都不会随便讲话。不过让她感到困惑的是，同事却喜欢议论编辑部主任的私生活。晓丽感到很反感，但只能忍着。

晓丽心里清楚，这些同事工作经验丰富，能力也强，倘若说出自己的感受，一定不会有好下场。私下里，晓丽感到很苦恼。这天，静姐又与她大谈主任的私生活，晓丽趁机用温和的语气说道："静姐，我是新人，有些话你们敢说但我不能说。如果我说了，就很难在公司呆下去了，以后你就照顾一下我，不要再跟我说这些了，好吗？"

自此以后，再也没人在晓丽面前谈论主任的私生活了，她也如愿以偿地留了下来。

在新的团队里，晓丽面对的既是无聊同事的无聊话题，又是有关顶头上司私生活的流言，确实很难处理。但她却用一句简单的话，使自己摆脱了烦恼，且没有惹人讨厌。如果晓丽自命清高地制止他人的闲谈，一定会在无形中得罪同事；如果与无聊同事同流合污，一旦传到上司那里，就很容易吃亏。

会说话的人，既可以顺畅地表达出自己的意图，又能把道理说得清楚明白，使人们乐于接受。有时候还可以从问答中猜出对方的意图，并从对方的言谈中得到暗示，增加自己对他人的了解。不会说话的人，不能完整地表达自己的想法，结果是对方费神去听，却又无法接受。

一个人即使拥有优秀的文采、丰富的思想、无穷无尽的词汇，没有高超的口才能力，言论就无法合理地表达出来，文采也将永无见天之日，没有发挥的机会。

二、口才是事业成功的利器

世界上的富翁有很多，成功人士也不计其数，但达到成功所花费的时间却不一样。有的人努力了一辈子，终于在人生的末尾获得了成功；有的人在年少轻狂时就获得了成功，创造出了属于自己的奇迹。

事业成功的进程，往往要受到某次谈话的影响。谈话精彩就可以省去不必要的细节，聚焦在某个重点上。口才好、舌灿莲花，就会被人羡慕；但既有能力又有口才的人，成功机率则更大。因为他的能力可以通过言语谈吐表露出来，给对方留下深刻的印象，让对方完全信任你，继而把重任托付于你。

会说话的人，在前进的路途中，就能轻而易举地克服一切成功的阻碍，使自己最终走向成功；而一个不会说话的人，经常会吃亏碰壁，失去施展抱负的机会，甚至有时会因为一句话而切断他成功之路。所以，说话不能太随便，要做到“言出攻心”，因为只有这样，你的事业才会同加了催化剂一样，拥有惊人的速度与能量。

第二章

做好准备，也就成功了一半

做好演说的准备：

对客户了解的准备

精神状态的准备

专业知识的准备

形象上的准备

演说稿的准备

工具资料的准备

主题选择的准备

给演说起个好名字

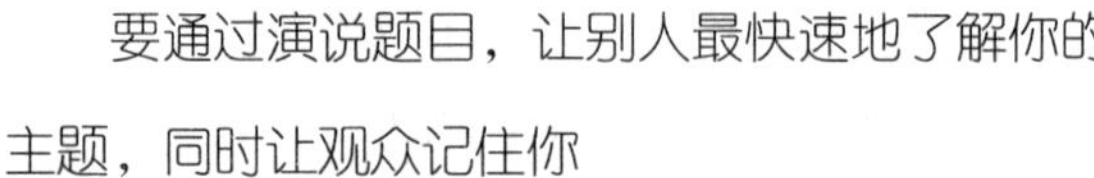

把演说主题确定下来后，还要给演说起一个好听的、含义深刻的标题，或者叫题目。

为什么要起一个含义深刻的题目呢？因为将演说主题做得深刻，需要从两大方面入手：其一，主题不能仅停留在事物表面现象的罗列和叙述上，更要揭示事物的某种本质；其二，题目必须是演说主题的高度概括和深度体现。

这里，我们就来谈谈如何给演说主题提炼一个含义深刻的题目。

一、演说好题目的益处

对演说来说，一个有创意的题目，能够增加听众对你的第一印象，会引起听众对你的兴趣，并产生继续听下去的欲望。如果演说的题目太过平庸，情况就完全不同了，不但会被听众忽视，不来参加演说会，还会让已到现场的听众听了开头就不感兴趣、纷纷上厕所再也不回来。所以，设计一个受人瞩目的演说题目十分重要。

二、好题目的撰写原则

演说稿题目的撰写原则一共有三个，现一一介绍如下。

1. 浓缩精华

题目是演说主题的浓缩，是演说的精华，听众一般也是透过演说题目来了解演说的主要内容。所以，演说的题目应该是最简练的，同时还是演说主题的高度浓缩。

既然如此，那什么样的题目才是浓缩了演说的精华内容呢？举个例子：

有一对好朋友，在经历了一次班干部的竞选活动后，两人从朋友变成了敌人。后来，在语文老师的指导下，两个人都开始写日记，在日记里他们都写下了对失去好朋友的后悔。再后来，语文老师将他们的日记分别给对方看，一位同学的感触很大，在一场校园演说比赛中，把自己的故事讲出来，并在演说结束时向全场听众大声宣布："我们既要竞争，更要友谊！"

这个演说题目正好浓缩了演说的精华内容。

2. 饱含深情

一般来说，演说的目的不是为了抒情就是为了说理。所以，演说题目在浓缩演说内容的基础上，还必须另有体现。比如，饱含感情等。举个例子：

母亲节，一位大学生在演说《慈母心，孝子情》，演说内容是：爸爸要去亲戚家接奶奶回来，而奶奶知道儿子的工作辛苦却偏要自己回家。后来，儿子打电话过去对母亲说："小时候，你每次都坚持送我去学校并接我回家。所以，我现在即使工作再忙，也要接你回来。”

这段演说的内容很简单，但是题目起得非常好。通过一个对比句，就充分地体现了母子之间浓浓的关爱之情。

3. 蕴含哲理

比如，下面这个例子，就是一个很好的证明。

参加竞选时，一名青年教师做了《明明白白做人，实实在在做事》的演说。

演说者应聘的岗位是重点中学的学校办公室主任，演说的主要内容分为两部分：第一部分是自己的四个优势，分别是扎实的专业知识、丰富的实践经验、较强的工作能力、较好的年龄优势；第二部分是，他打算从哪几个方面改进办公室的工作。比如，科学规范地做好日常事务工作、加强个人修养等。

演说的主要内容就是如何做人和怎样做事。演说题目是一句很有哲理性的话，正好回答了“如何做人、如何做事”这个问题，所以这个演说题目也起得不错。

三、好题目的撰写技巧

个人认为，演说题目的撰写只要符合修辞手法，就会很出彩。下面列举几个具体的案例。

1. 释词

所谓释词，就是在一句话中，后半句话是前半句话的什么或不是什么。换一种说法，即后半句话是前半句话的解释。这种修辞方法的使用，经常出现在演说稿的标题中，如《理解——师生友谊的桥梁》

《爱——教育成功的金钥匙》《中国，我们的根》《长征，不朽的丰碑》《爸爸，你是我永远的牵挂》等。

2. 呼告

所谓呼告就是呼吁你应该怎么做，关键字有“让”“请”等。这种修辞手法常常应用在演说稿的标题中，如《让生命之火永远燃烧》《让青春释放能量》《让 32 号从明天开始》《天使，请不要吝啬你的微笑》《请珍惜青春这本书》《绝不向偏见低头》《女人决不相信眼泪》《带着种子上路》等。

3. 对偶

对偶句的字数一般都同样多，在听觉上会产生一种对称美，在表达意思上有关联性。所以，对偶句也经常出现在演说稿标题中。比如，《团结一致求发展，同心同德创伟业》《奉献无悔，青春无悔》《九十华诞，洪福齐天》等。

4. 对比

对比是对偶的一种特殊情况，这种修辞手法可能出现在演说稿的标题中。比如，《进来的是块铁，出去的是块钢》《想，要壮志凌云；干，要脚踏实地》等。

5. 比喻

比如，《父爱将我举过命运的栏杆》《我是一个小小点》等。

6. 设问

比如，《今天，你学会了什么？》。

7. 反问

比如，《我是差生，我容易吗？》。

8. 排比

比如，《习惯 · 改革 · 观念》。

9. 拟人

比如，《冬天和我有个约会》。

10. 夸张

比如，《世界不大是个家》。

11. 反语

比如，《我是一个傻女孩》。

12. 移觉

比如，《给心灵吃点冰激凌》。

13. 回环

比如，《梦想，想梦》。

充分收集演说的信息和资料

要了解听众：

听众的需求、层次和群体；

听众的痛点；

听众的购买能力和实力；

听众的决策权在谁。

一、关注听众信息和资料的收集

进行一场演说，了解听众是谁非常重要。不了解听众，可能是造成你紧张怯场的重要原因之一。人们之所以会害怕一个人，多半是因为我们不了解那个人。你对听众了解得越多，演说中也就越得心应手。

1. 收集并研究听众的公开资料

关于听众的信息主要包括：听众公开发表的文章或组织提供的相关信息，如网页、宣传册、关于销售和营销的文件、产品目录、年度报告、公司的历史资料、公司员工在期刊上发表的文章、从前的项目公告以及评价的复印件。

2. 将听众信息进行分类，各个击破

信息收集完成后，就要制定具体计划，满足或超量满足观众的需求。这时候，就要对这些内容进行分类（见表 2–1）。

表2–1　分类听众信息

类别	说明
粉丝或追随者	这类听众对演说内容很感兴趣，会想方设法支持你的观点
态度不明但能说服的人	如果想说服他们加入你的阵营，就要做一些深度和权威性解释
与你为敌的人	这些听众会和你唱反调，准备随时挑战你的权威。他们也许会表达自己的观点和担心，也许不会；也许会对你感兴趣，也许不会。你要做的是，将他们对其他听众的影响降到最低
不关心你的人	这些人会干扰你的演说。有人也许会安静地坐着，不惹任何麻烦；有人也许会提问；有人也许会给你制造麻烦，减轻自己的无聊感。他们会在不知不觉中给你创造障碍，或分散其他听众的注意力，让你和听众的互动失败

3. 每位观众都有自己的性格

听众都有自己的性格，如果某个群体性格特殊，听众就可能受群体影响，变得态度积极，善于怀疑；如果某个听众群体的多数人都习惯被动，不服管教，走上讲台前，你根本就不可能完全摸透听众的品行。即便如此，也要努力提前收集听众的信息，然后在演说时见招拆招，具体情况具体分析。

二、演说的素材收集过程就是沉淀

收集素材的过程也是一个沉淀内功的过程，缺乏文化积累和文化底蕴，是无法成为真正的演说者的。“胸中有丘壑”的本领也需要日积月累，需要经过一个积累素材的过程。

演说素材的收集途径一共有两种：一种是从自己的生活中得到，叫直接素材；另一种来自书籍，这种素材是间接素材。

1. 生活

演说者要不断地深入生活，热爱生活，关注生活，将眼睛看到的、耳朵听到的、鼻子闻到的、嘴巴尝到的、心里想到的，多加分析和理解，变成演说素材。将这些素材储存在大脑中，记在素材本上，使用起来就会方便很多。

2. 书、报刊

间接素材，通常都来源于书籍、报刊和网络。平时阅读的时候，就可以多方收集和整理，演说的时候，能用则用。

三、如何选择适合演说的素材

适合演说主题的材料，一般都有以下几个特点。

1. 支持主题的资料

选择素材的时候，不仅要看素材本身的内容，还要看素材对演说主题能起到什么作用。如果资料能够支撑演说主题，就留下；反之，就舍弃。

2. 有代表性的素材

代表性的素材一般是指典型的、能说明问题的素材。

3. 信息准确的素材

虚假编造的、偶然出现的、不可复制的素材都不能使用，要保证素材的真实性和准确性。

4. 鲜活生动的素材

鲜活生动的素材，能够将演说主题充分展现出来，继而吸引注意，打动他人。选择世人皆知、毫无新意的素材，听众自然就不愿意听了，演说也就白费力气了。

演说稿是进行演说的主要依据

问问自己：

我是谁？

我要讲什么？

我要怎么讲？

大家为什么要听我讲？

我的演说对大家有什么好处？

演说稿也叫演说词，是在较为隆重的集会上和某些公共场所发表的讲话文稿，是人们在工作、社会生活中经常使用的一种文体。

演说稿是演说的主要依据，是对演说内容和形式的规范和提示，体现了演说的目的和手段。从一般意义上说，演说稿是为参加演说活动所做的准备；从特殊意义上说，演说稿的写作对演说思维模式的形成和发展大有好处。

一、演说稿的特点

演说稿的特点主要有以下几个。

1. 鼓动性

演说稿是宣传发动群众的一种有效形式，具有鼓动性，实现了理、事、情的交融统一，剖析冷静严肃，哲理高度概括，述事生动形象，鼓动热情，情怀感人，能够营造一种感染力极强的氛围。

2. 临场性

演说稿是供演说用的，内容要根据听众的反应而随之微调，以适应听众的需要。所以，既要有简单的提纲，又要有详细的提纲。在说明主要问题或疑难问题时，要多准备几个能说明问题的例子，以便必要时使用。

3. 有声性

演说稿是口头传播的文稿，是讲给听众听的，要用口语化表达，明白如话，说者顺畅上口，听着清楚明白，短时间内能弄明白演说者的目的。

二、演说稿的写法

一篇好的演说稿，除了文笔功力强、文章有说服力外，更要遵守一定的写法和规范。因为只有合理的写法和要求，才能让演说稿更加有说服力、更加感人。

1. 确定主题，选择材料

（1）根据演说的性质与目的来确立主题

所谓讲题，就是演说的中心话题。演说稿的撰写必须在一个有社会或科学价值、有现实意义或学术意义的特定问题中展开，否则就是无的放矢。演说者要根据演说的性质、目的来确定选题。比如，作学术演说，就要介绍自己最新的研究成果或自己掌握的最新的学术信息；做思想教育演说，就要针对现实中最新鲜的现象和听众最关心的问题发表见解。

（2）根据演说主题与听众情况来选择材料

首先，要围绕主题筛选材料。主题是演说稿的思想观点，是演说的宗旨所在；材料是主题形成的基础，又是表现主题的支柱。演说稿的思想观点必须靠材料来支撑，材料必须能够充分地表现主题，有力地支持主题。其次，材料的选择要考虑听众的情况。听众的政治素质、社会地位、文化教养以及心理需求等，都对演说有制约作用。因此，选用的材料要尽量贴近听众的生活。

2. 认真安排好开头、主体和结尾

不同类型、不同内容的演说稿，其结构方式也各不相同，但结构的基本形态都是由开头、主体、结尾三部分构成。各部分的具体要求（见表 2–2）。

表2–2　演说稿各部分的具体要求

结构	说明	类别
开头	先声夺人提高吸引力	亮出主旨。亮出主旨就是开头不绕弯子，直奔主题，能够开宗明义地提出自己的观点。 交代背景。交代背景就是向听众报告　些新发生的事实，比较容易引起人们的注意，吸引听众倾听。 提出问题。提出问题就是通过提问，引导听众思考一个问题，并由此造成一个悬念，引起听众欲知答案的期待。 引用警句。引用警句就是引用内涵深刻、发人深省的警句，引出下面的内容

续表

结构	说明	类别
主体	层层展开，步步跟进。在主体部分的行文上，要在理论上一步步说服听众，在内容上一步步吸引听众，在感情上一步步感染听众	并列式。并列式就是围绕演说稿的中心论点，从不同角度、不同侧面进行表现，其结构形态呈放射状四面展开。而每一侧面都直接面向中心论点，证明中心论点。 递进式。递进式从表面、浅层入手，采取步步深入、层层推进的方法，揭示深刻的主题。用这种方法来安排演说稿的结构层次，能使事物得到由表及里的阐述和证明。 并列递进结合式。并列递进结合式或在并列中包含递进，或在递进中包含并列。纵横捭阖、气势雄伟的演说稿采用的就是这种方式
结尾	结尾要干脆利落，简洁有力。演说稿的结尾，是主体内容发展的必然结果。或归纳、或升华、或希望、或号召，方式有很多。好的结尾一般都能收拢全篇、卒章显志、干脆利落、简洁有力	

制作视觉辅助：PPT

PPT 是演说的必备工具

更是演说的重要注脚

演说 PPT，是演说者在演说过程中需要制作及使用的。

PPT，对演说有着极大的作用，而 PPT 制作的好坏也能对演说效果起到很大的影响。那么，如何做好演说 PPT 呢？

一、做好前期准备工作

制作 PPT 的时候，不能一打开 PPT 就立刻开始制作，制作之前，首先要理清思路，然后再动手。

1. 明确 PPT 的类型

PPT 分为两种：一种是阅读型 PPT；另一种是演说型 PPT。阅读型 PPT，想要达到好的演说效果，根本不需要进行人为的描述，只要看完 PPT，就能了解所有信息；而演说型 PPT，重点是人，PPT 只是一个辅助工具，不能出现大段大段的文字。

2. 厘清思路，制定大纲

演说型 PPT 主要以人为主，制作演说型 PPT 时，一定要处理好 PPT 的逻辑和脉络。首先，确定主题和内容；其次，梳理逻辑关系；

最后，列出图表和框架。

二、掌握图片使用的基本原则

PPT 中，图片的使用，要坚持以下几个基本原则。

1. 图片使用原则

各类型 PPT 中都要遵循的原则是，使用高清无水印且跟文字相关的图片。要尽量将图片铺满屏幕，要大量使用全图型 PPT。如此才能显得好看、大气，才能产生一种震撼感。

2. 图片处理原则

制作全图页面时，经常会用到具有留白部分或整体平滑没有突出特征的图片。这类图片很容易添加文字，效果也不错，如果图片不具有这类特征，就要添加蒙版，弱化背景效果，更好地体现文字信息。

3. 背景图片使用原则

演说型 PPT 背景的设置，要遵守简约清晰的原则，采用渐变背景。如果偏扁平化风格，也可以尝试一下如乐视发布会的纯色背景。

4. 素材下载原则

如果想制作一份 PPT，就要选择合适的素材。平常可以整理一些 PPT 素材网站，等到需要的时候，就能直接使用了。

5. 字体使用原则

演说型 PPT 的字体选用比较简单，选用一、两种字体即可，不能太多。

三、排版基本原则

排版的时候，要遵守以下几个原则。

1. 不管是阅读型 PPT，还是演说型 PPT，排出的版式都要亲密、对比、对齐和重复等。

2. 如果需要大力阐述观点，可以使用一些图标，发布会经常采用这种套路。

四、封面和结束页的制作

1. 封面。PPT 封面，要做的简约一些。

2. 结束页。结束页的处理方式有很多，最简单的就是直接写出四个字——“谢谢观看”。当然，还可以用结束页来凸显 PPT 的核心内容。如果 PPT 的主要目的是为了介绍产品，也可以直接呈现销售产品的页面。

掌握一定的技巧，学习必备的演说知识

专业知识必备：

公司简介、产品功能、项目的好处和卖点；

听众会提出的反对意见；

对于同行业的资讯新闻等的知识储备；

看起来在行业里像个专家

演说前，必须要知道以下三个演说知识。

1. 表达要清晰、可理解

这主要取决于演说时的音量、语速、吐字，以及发音准确与否。

在演说之前，可以进行半小时左右的练声训练，包括：呼吸练习、吐字练习、绕口令，打开口腔，让整个面部肌肉活跃起来。

（1）声音洪亮。演说时，演说者与听众并不相识，且距离比较远。如果音量过低，观众听起来就会很累，有时候甚至竖起耳朵听都听不清楚，必然会出现烦躁、反感的情绪。所以，如果没有麦克风，一定要根据现场情况调整好自己的音量，要让声音具有一定的穿透力。

（2）语速适中。演说时，演说者会受到各种因素的影响，比如，噪音、回声等，继而会妨碍演说效果。因此，在比较嘈杂喧闹的环境中，语速不要太快，最好放慢三分之一的语速。

（3）吐字清晰。演说中，要将每个词和音节都区分清楚，要让在场的每个人都能听得清楚。如果吐字不清，或者有某种方言习惯、儿化音重等，就要强化发音训练，或请教专门的导师进行指正。

（4）发音准确。演说时发音一定要准确，普通话要尽可能说标准。声调之差可能造成理解的歧义，不仅会让观众迷惑，更会分散观众的注意力。

2. 语调丰富，重读突出

演说语调的控制，要突出重点，具体方法如下。

（1）如果有演说稿，在每句中找到两三个最重要的词语，在下面画线；

（2）找到整篇演说稿中声调最轻的句子，在下面用铅笔轻轻画一条波浪线；

（3）如果某个地方出现了一个有趣的小故事，就在上面画个粉色的小圆点；

（4）在每段中找到尤其重要的词，再画两道下画线；

（5）找到每个问号，并用黄色荧光笔将其突出；

（6）找到演说中最令人惊讶的地方，在它前面添加一个巨大的黑点；

（7）完成上述步骤后，试着朗读你的演说稿。在每个标记处变换语调，整篇演说稿就能立刻变得高大上。

3. 内心自由，能量满满

一个人的内心能通过自己的声音表达出来，内在世界创造了你的声音。伟大的讲演者成功的秘诀绝不仅仅是声音技巧上的成熟，还有内心的强大和自由。比如，自己的信念、价值观、对待自己的态度和对与未来的愿景等。

人格魅力是由内而外散发出来的，声音是他人与你互动的一个媒介。比如，马云虽然身材瘦小，但每次讲演的时候，都是激情满满。他的声音能够传递出巨大的能量场，有坚定的信念感和自信气质。

优秀的演说者，都是精神饱满、气场强大，声音里充满激情和梦想的力量。台上他们表现得轻松自由，语速让人感到舒适，能够迅速调动听众的情绪，激起听众内心的涟漪，让听众处在一种超乎理性的范围内，激发出听众的能量。

预演，预演，再预演

只去学习，不去复习，再不去练习，还是没有出息。

演说要“勤”：勤学习、勤练习、勤复习！

预演时，让50位听众花一个小时的时间来听你讲，就相当于他们将50个小时花在了你的演说上。

如果准备的时间还不到5～10个小时，更不会花太多的时间在内容的研究和语言的提炼上，又何谈对听众时间的尊重？

事实证明，优秀的演说者都非常重视预演的重要性。比如，林肯就是这样做的。

1863年11月18日的晚上，林肯一直都在预演，直到后半夜依然在修改演说稿。改完后，他就到隔壁的国务卿斯沃德房间去，读给他听，让他提意见。19日的早上，林肯吃了早餐，接着又埋头于演说中，直到有人敲门进来，提醒他该去活动现场了，他才结束了自己的工作。于是，就有了著名的葛底斯堡演说。整个演说过程还不到3分钟。

这就是预演！问问自己：你在预演上，花了多少时间？

预演时，可以找几位听众来提问，可以对着镜子讲，还可以对着镜头讲……讲完了之后，认真分析研究，进行积极的地改进，确保演说能为听众负责，取得较好的效果。

由此可见，要想提高演说效果，在正式演说之前，要大声地阅读演说稿、背诵演说稿，不断地预演、预演、再预演。

1. 准备演说大纲

准备演说稿时即使遇到了大量麻烦，也不要照本宣科，否则只能让听众昏昏欲睡。要直接、自然地面对听众，保持眼神交流。这时候，可以提前准备简单的演说笔记，字体要醒目，以便演说过程中快速地扫描。同时，要在讲台上放一个简易手表，便于掌握时间，把握速度，增减内容，准时地结束演说。

2. 录下“即兴”演说

将自己的演说录制好之后，进行回放，将重复使用的词标记出来。比如，“啊”或“呃”。之后，进行反复修改，直到演说平稳安心。

3. 找个听众来练习

为了发现演说中存在的问题，可以找家人、朋友来试听，让他们多给你提意见，而不是只有表扬。比如，他们知道你在讲什么吗？你讲的内容有连贯性和逻辑性吗？他们认为你讲的快，还是慢？之后，就能根据他们的意见来修改演说。

4. 模拟现场场景

即使做的是免费演说，也要找个“主持人”，正确地宣读你的名字，并告诉人们怎样与你联系。要将所有人的注意力吸引过来，自己不能漫不经心，“主持人”也不能开玩笑。

做好演说现场的准备工作

演说前的准备：
音乐、热场；
图片、视频、宣传片；
产品、顾客见证、名人见证；
音响设备、声音。

演说前期的充分准备，可以使人们克服紧张和恐惧感，让人们更加自信、自如、轻松地驾驭现场。

1. 研究演说内容

首先，只有对自己所讲的内容了如指掌，才能让听众信服你。选定了中心话题后，就要对相关的知识做事先的调查。即使在这方面有了一定的经验，也要进行书面的调查研究，使观众听懂你说的每一句话、每一个词。

接着，可以上网或去图书馆查找相关信息，或向相关教授请教，直到你觉得自己能够有效地传递知识并能回答出观众可能提出的问题。记住，做的调查研究越多，演说就越自信；越自信，就会讲得越好。

2. 了解演说听众

如果想提高自己的演说能力，还要充分了解自己的听众。如果是给学生做演说，就要激发他们的好奇心，就要引起他们的兴趣；如果是给专家做演说，演说的内容就不能太基础。

虽然不可能完全知道听众想听和不想听的内容，但根据听众的年龄层和组成结构，大致可以确定自己应该讲什么内容。因此，准备演说内容时，要时刻考虑听众的情况。

3. 选题立意

演说前，需要做哪些准备工作呢？成功的演说是离不开好的话题的，好的话题应该首选自己比较熟悉的内容。如此，才能拥有大量的素材，才能产生切身的体会，也才能将重点讲得真切、深入。选择论题，就是选择演说所要阐述的主要问题，即“讲什么”。要把演说论题选好，必须遵循两条基本原则：一是需要性原则；二是适合性原则。

4. 心理准备

演说首先要做好心理准备，良好的心理准备才能让演说更加成功，如果心理准备没做好，其他准备都会白费。演说心理指的是，演说者对演说实践这个客体的反映和感受，是演说者在进行演说实践时必然产生的心理活动和必然经历的心理体验。因此，演说者要具备：求真的心理素质、创作上的心理素质、表达的心理素质。

5. 控制时间

通常，演说都有时间限制，如会议中的半小时演说、课堂上的10分钟演说。不管时间有多长，都要根据时长安排相应的演说内容，准备得太多，就会加快语速，甚至还会讲不完；也不要准备得太少，否则早早收场，最后却不知道该讲什么。准备的内容与时长相当，讲的时候才能放松些，你也会表现得更自如。

6. 谋篇布局

演说稿的结构主要包括标题和正文两个部分。标题，一般都是有形象性的、对演说主题作高度概括的语句。正文包括开头、中间、结尾三个部分。开头主要有两项任务：一是建立说者与听者的同感，引起共鸣；二是打开局面，引入正题。结尾要言简意赅，使听众不断思索，进而付诸行动。

7. 使用多媒体

不管是添加背景音乐，还是辅以 PPT，多媒体因素都能帮助强化观点，并吸引观众。不过，也不要用得太多，否则会适得其反。如果想使用多媒体材料，得确保这些材料能帮你拉近与听众的距离，并提高演说效果，而不是疏远你跟听众的关系。

当然，可以将多媒体当作辅助工具，但不能完全倚仗它。否则，就会觉得自己没完全准备好，不敢完全脱稿演说，好像尴尬地在读 PPT。不过，如果你想展示一些图表、图片或演说提纲，就要使用 PPT 了。

8. 思路框架要清晰

听众一般都喜欢符合逻辑、组织结构清晰明了的演说，这种演说也更能体现出一个人的演说能力。当然，在演说的结构上，也可以适度创新，但对于大多数演说来说，格式基本上都差不多。

（1）介绍。吸引观众，介绍演说的主题。

（2）正文。用具体的例子、事实、故事和数据来阐释个人的观点，给听众留下印象。

（3）总结。对自己所讲的内容做总结，加以引申，启发思考。

穿合适的衣服，提升外在形象

问问自己：这场演说我要给听众什么样的形象？同时，做好形象准备；

男士服装、女士套装、皮鞋、袜子、衬衣、领带、腰带、手表等；

头发、鼻毛、手指甲、首饰、头饰、妆容等。

着装，在正式演说中发挥着重要的作用，专业的演说者都善于通过着装来展示自己的专业性，甚至还能对听众的情绪造成一定程度上的影响。

其实，对于多数演说活动来说，身着普通的正式公务装，做到大方、得体、简朴、素雅，已经能够满足多数场合以及听众的喜好。如果严格按照演说者的服饰着装来要求，就要充分考虑多种因素。比如，演说风格、演说形势、会场风格、灯光效应、演说目的等。

一、服饰的选择原则

演说的时候，演说者该如何去选择自己的服饰及搭配呢？除了特殊场合外，多数场合要尽量身着正装，坚持以下几个原则。

1. 男士。男士着装的基本要求是。

（1）三色。简单来说，全身上下的衣着要坚持不超过三种颜色。因为从视觉上来说，服饰色彩控制在三种以内，比较容易搭配，一旦超过三种，就会显得杂乱无章。

（2）有领。正装必须有领子。比如，毛衣、T 恤、运动服等一率不能算作正装。男士正装最佳的体现通常是有领衬衣。

（3）皮带。男士的长裤必须系皮带，不能穿运动裤和牛仔裤。皮带有时就像男人的手表一样重要。

（4）纽扣。不管正装是任何形势或风格，都要带纽扣或拉链。

（5）皮鞋。正装，就要搭配合适的皮鞋，不能穿运动鞋、布鞋和拖鞋。

2. 女士。对于女性演说者来说，最常见的正装就是西服套裙，与之搭配的衬衫、内衣、鞋子、袜子等颜色都不能太艳丽。比如，内衣的颜色不能太显眼，鞋子的颜色不能是大红大紫的，正式场合不要穿凉鞋或露脚趾的鞋；如果穿高跟鞋，鞋跟高度要保持在 3 ～ 4 厘米。

二、巧妙搭配的原则

为提高自身的形象，演说者要穿合适的衣服。演说者服装具体要求如下。

1. 服装与体态保持协调一致。演说者在考虑服装仪表时，必须有整体美感，不能为个别部位的美而破坏了整体形象美。

（1）身材与打扮要互相协调。比如，大胖子就不宜穿过紧的衣服，包得紧紧的，会叫人感到透不过气来；而瘦长的人穿横条的服装，就会显得丰满些；矮胖的人穿竖条的服装，会显得苗条些。

（2）服装要和体形、肤色相适应。比如，体形肥胖的人，适合穿深色服装，看上去目标集中，显得匀称；体形瘦削的，适合穿浅色服装，看上去目标松散，显得丰满；皮肤白皙的人，穿深色、浅色的服装都可以；皮肤较黑的人，最好穿稍浅色的服装，但不能穿黑色的服装。

2. 服装与内容保持协调一致。在不同的演说会上，演说者要根据具体的内容来选择服装的款式。演说是一项高雅的、高层次的社会活动，演说服装必须坚持一个总体原则，即“三子”原则。所谓“三子”就是：一要有领子，二要有袖子，三要有扣子。在此前提下，力求使自己的服装与演说主题和内容相协调。此外，服装的颜色还要与演说者的思想感情和演说内容协调一致。因为颜色给人的感觉是很敏感的，不同颜色代表着不同的寓意和象征。比如，深色代表了“深沉、庄重”；浅色，代表了“轻爽舒服”；白色，代表了“纯洁”；蓝色，代表了“恬静”；红色、黄色代表了“喜庆和愉快”。如果，演说的内容是严肃、郑重的，或愤怒、哀痛的，穿深色衣服或黑色衣服就比较合适；如果演说内容是欢快喜悦的，穿浅色的、鲜艳的衣服会更好些。

3. 服装与身份保持协调一致。服装对人体有扬美与遮丑的功能，可以反映出演说者的精神风貌、文化素质和审美观念。演说者的衣着应该是典雅美观、整洁合身、庄重大方、色彩和谐、轻便协调。具体来说，外表要整齐、干净、美观，风格要高雅、稳健、感觉良好、行动方便，要与自己的性别、年龄、职业等协调，充分体现自己的特点与神韵。比如，青少年演说，就不要打扮得珠光宝气、艳丽夺目；中年人演说，服装就要庄重典雅，不能给人花里胡哨的感觉。男性演说时，服装不能过于随便和随意；女性演说时，不能穿戴过于坦胸露背的服饰。

4. 服装与听众保持协调一致。演说者的服饰款式与色彩，要与演说的现场气氛相和谐，与季节相符合，与听众的装束相协调。过于华丽，容易分散听众注意力，引起非议，破坏演说气氛。比如，如果穿的衣服太奢侈华美，听众脑海里就会产生一层阔少或贵夫人的误会，讲好了还没有关系，若是讲得不好，听众也许会这样讥笑你：“这家伙讲话不行，穿得倒不错，很漂亮，可惜我们是来听演说的，又不是来看时装表演的。”

5. 演说服饰和打扮的注意事项。演说中，有些服饰和打扮也是需要注意的，如演说的时候，不要穿短裤、背心、短裙；不要穿大衣；室内不要戴围巾；不要戴项链、耳环和戒指；不要戴帽子；不要戴有色或变色眼镜；不要戴手套；不能穿拖鞋、凉鞋上台；不要背小挂包、背包上台；只能化淡妆，不能浓妆艳抹；女的不能披头散发，男的不能蓬头乱发。

第三章 用精彩的开场白打响第一炮

要想振奋士气，

就要打响第一炮，

演说同样如此！

依次做好五件事，开场不冷场

问问自己：如何让观众在短短的十分钟之内记住你？

演说是展示自己的舞台，你站在上面滔滔不绝，下面却没人反应，演说就是失败的。那么，如何才能巧妙的应对演说中的冷场呢？只要做好下面的五件事，开场就不会冷场。

1. 融合故事说理

演说开头就出现冷场，可以暂时变换话题，吸引听众的注意力。比如，穿插趣闻轶事，活跃现场气氛。

趣闻轶事是人们在生活中津津乐道的闲谈资料，生活中的许多情趣就是由此而来。演说者要抓住人们渴望趣味的视听倾向，恰当而适时地讲述一些趣闻轶事，使混乱或呆板的演说现场活跃起来，让听众的注意力被迅速集中到演说内容上。之后，演说者再回到原有话题，效果就理想多了。

当然，如果是双向交流，话题的变换就是不定的，可以根据现场情况随时进行调整。

2. 调动听众热情

演说开头，不要只是一味地讲，适当地跟观众互动一下，效果会更好。

演说者不仅要用自己的演说辞和形象的语言来感染听众，还要让听众积极回应，推动演说的顺利进行。因此，为了激发听众的热情，在开始的时候，就可以向听众提出富有针对性和启发性的问题，使他们意识到：自己也是演说的重要组成部分，从而有效地避免冷场和打破冷场，更好表达自己。

3. 对方赞美，求得好感

任何人都喜欢被别人夸赞，演说同样如此。如果听众发现演说主题与自己的关系不大，就不会给予太多的关注，自然就会出现冷场。演说者在开始的时候，就要采用恰当的方式，拉近与听众的心理距离。

当然，贴近听众的一个有效方法就是发自内心地赞美听众，用中情中理的话语拨动听众的心弦，激起他们的共鸣，使他们重新对演说产生兴趣，打破冷场的尴尬。

4. 制造悬念，激发兴趣

只有让听众充满好奇，才能有精力继续听你演说。好的悬念不仅能使演说者再度成为听众注目的中心，还能活跃现场气氛，激发听众聆听与参与的兴趣。在演说开头可以制造一些悬念，吸引听众的注意力，使演说内含的信息和情感准确传达出来。一旦听众对演说产生了兴趣，也就会集中注意力倾听了。

5. 演说语言简洁明了

演说开头引出主题，要简单明了，不能说了一大堆，却没有说出主题。没完没了的讲，只能带给观众厌倦感。

记住，单向交流中的应景式讲话，越短越好；在双向交流中，任何一方都不要滔滔不绝地包场，要有意识地给对方留下发言的时间和机会。如果自己一轮讲不完，就要在对方有所反应后再讲。

当然，为了让自己在一开始就引起听众的兴趣，不同的人可以采用不同的应对技巧。可是，无论怎样去面对，只要运用你的聪明才智，就能化险为夷，成功开始演说。

知识储备不够，怎么快速入题

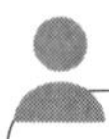

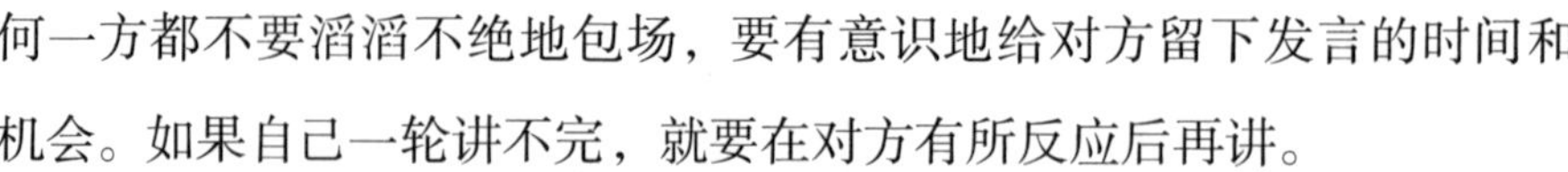

演说，重要的一点就是丰富自己的知识储备；知识储备有限，演说过程中，就很容易发生忘词、忘句等现象。

选定一个演说题目后，首先应当考虑的是，该题目如何进行结构？如何尽快让听众对话题产生兴趣？如何以自己对题目的感觉和热情去点燃听众的感觉与热情？如何用自己对题目的理解去启迪听众产生共鸣和思索……这些内容都关系着演说的成败。

“立文之道，唯字与义”，演说同样如此。只要抓住了与主题相关的字与义，也就抓住了解题的关键，就能取得理想的演说效果。

一、重视入题的速度

要想让听众尽早进入自己规定的主题，就要重视入题的速度和方式。既要“开门见山，一针见血”，这就是“快”；又要知道逻辑上的悬念、起伏和跌宕，收到“文似看山不喜平”的效果。

当然，要想达到这样的效果，就要灵活运用以下几种方式。

1. 多些悬念和曲折，引起听众的关注

这里强调入题要快，并不是说所有入题都要开门见山。有时，入题更需要一定的曲折和委婉，要多一些逻辑和悬念，才能使题目引人入胜。因此，有时候，不妨多用一点言辞，用悬念来抓住听众的心，引起他们的注意和重视。

2. 开门见山，将听众带入特定的情境

比如，一位德高望重的老先生去世后，一位学生当着众人的面朗读了悼念诗。他从老先生的逝世说起，之后进入自己的题目。他直接入题，直接说老先生“永远睡着了”，迅速地将听众引入到了沉痛和肃然的既定情境中。

3. 制造强烈反差，提高关注度

用对比来引出自己的题目，就能在人们的心目中留下深刻印记。这里，可以使用对比、对照和映衬等修辞手法，引领和导入自己的话题。

有一个演说，开始的时候，演说者的话似乎跟一般的谦辞没什么两样，似乎还有点离题之嫌。因为，他一口气就洋洋洒洒叙说了四个“为难”：

我一点也不明白主办者的意图何在，这使我感到为难，这是我遇到的第一个困难。

今天，我是第一次来到你们学校，所有的一切都是陌生的。在陌生的环境里，人容易产生不适应的感觉，这是我遇到的第二个困难。

刚才，前面的几位同学已经做了精彩的演说，热烈的掌声可以作证，这给我增加了压力，是我遇到的第三个困难。

不巧的是，我本想凭手中这张卡片作一次演说，却忘了戴眼镜，想把它放在桌上偷偷地看几眼也不行，这是我遇到的第四个困难……

乍一看，这开场白似乎有些饶舌的味道，没想到，演说者讲罢“第四个困难”后，话锋突然一转，进入了拟定的题目——但是，我并不胆怯，反而对自己更充满了信心。我相信，既然我站到这个讲台上，就必定能鼓起勇气，竭尽全力，让自己体面地走下台！因为，我选择了这样一个演说题目——《论男子汉》！

在这段演说中，演说者将“勇气”之题目同一开始的“胆怯”与“为难”形成鲜明的对比和反差，巧妙又风趣盎然，听来令人欢颜。这种入体方法，就实现了“辞明义见”和“曲径通幽”的完美统一。

二、准确破题

演说中，入题并不等于破题，二者的区别在于：入题只是引导听众进入设定的题目或论点的方式，而破题则是提纲挈领地进入各论据或要点之中。巧妙破题，可以决定“主干”的发展方向，让听众对自己的演说能力初见端倪，有一定的心理准备。

破题，决定着听众能否在不知不觉中跟随自己的思路走。大致说来，可以选择以下几种方式来破题。

1. 确立一个句子并行强调，作为破题的“标志字符”或“标志语符”，引起听众的注意和重视。

2. 用语义的转折、对立等手法来制造“波澜”，成功破题，并给人以警醒。

3. 用自问自答的方式来破题，给听众以随和而亲切、警醒又奇特的感觉。

当然，破题的方式还有很多，但都有一个共同点，就是用尽量简约、明确的语言标志符号去吸引听众，让听众朝自己拟定的方向去理解，接受自己演说的内容。

三、点题有新意

所谓点题，就是点明主旨，就是点明演说目的。主旨的那些话，就是通常所说的“警句”“文眼”；而且，这种点题的句子，位置也可以不拘一格，可前可后，可在中间；关键是要有新意、有底蕴，尽可能将理性与精通融会贯通，给听众留下隽永、深刻且耐人寻味的印象。

这里，介绍几种点题的形式：

1. 用色彩浓烈的语词来点题，引起听众的共鸣。这种共鸣的实现，符合演说的第一人称语言角度的特性。在《我有一个梦想》中，为了点明题旨，增强感染力，马丁·路德金反复“描述”了“我梦想有一天”的情景，每个情景就是一个镜头，多个镜头就能组成连续不断的“画面群”，强烈地渲染主题。

2. 艺术地运用熟语，让听众受到感染并接受你的观点。熟语，包括成语、民谣等，通俗易忆，耳熟能详。演说时，对它们艺术地加以改造和利用，并糅进其他修辞手段加以强化，也能给听众带来艺术的享受与心灵的震动。

3. 用点出主旨的警句，给听众留下难忘的印象。警句得来并不容易，但是将情感和理智融为一体，并使用反复、倒序、排比等多种手段与方法，或警句名言，也能提高演说效果。

不要用客套话把演说拖入冷场

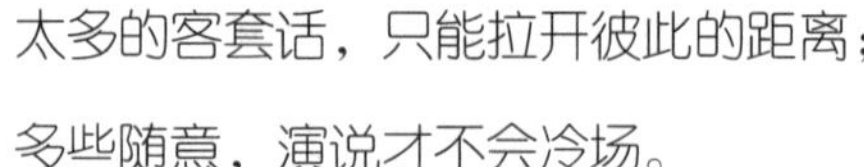
太多的客套话，只能拉开彼此的距离；
多些随意，演说才不会冷场。

在日常生活中，客套话是少不了的，但如果听不懂客套话而假装听懂了，或者误会了对方的意思，就会产生很多不必要的麻烦。

曾经有一个青年人去澳大利亚旅行，到达目的地的时候，在宾馆和一位白人聊天。白人对青年人说：“因为这里是边境之地……”还没等白人说完，青年人就认定白人是英国人，于是立刻迎合对方说道：“的确是这样！这个国家的人虽然也说英语，但地方口音太重，完全听不懂。”

而白人原本以为青年人来自英国，听了这些话一定会很高兴，结果等他说完，看到对方脸上却露出了不愉快的表情。青年人感到很惊讶。后来，他才知道，白人根本不是英国人，而是正宗的澳大利亚人，之所以会说自己的国家是“边境之地”，主要是出于谦虚说客套话。

故事中，原本只是一句简单的客套话，青年人却没有听出其中的客套来，误入歧途，顺着白人的话讲了下去，闹了个大笑话，还让人觉得不快。

同样的道理，在特定的情况之下，如果演说者无法将自己的意思直接表达出来，就只能用委婉客套的语言来把自己内心想要说的话说出来。这时候，一定要听出听众说的是不是客套话，不要把对方的客套话当成了真心话。听不出听众的客套话，只能引人发笑。

郭冬临是我喜欢的一个小品演员，在2006年的春节晚会上他曾出演过小品《实诚人》。具体情景是：

新春音乐会立刻就要开始，小宝和小于夫妻俩准备去参加音乐会，按照原计算，吃完饺子，绝对能赶到剧场。这时，小宝的同事小石来家里，计划被打乱，小石盯着桌子上的饺子直流口水。

小石来家里是给小宝送体检化验单的，磨蹭了好一会儿，终于移开步子准备回家。这时，小宝说："要不一起吃点？"小石立刻收回了迈出房门的脚："好，我就说嘛，大哥是不会让我走的。哎呀，嫂子，你咋不知道让我呢？"然后，就大口大口地吃起来。

夫妻俩很着急，可是顾及到对方是同事，也不好意思说出口。小石不把自己当外人，还要了醋和蒜。看着时间一分一秒地过去，小宝急得不行，而小石还在不慌不忙地吃着饺子。

夫妻俩抱怨着，小石又说："非得整几个菜啊！不用，吃点饺子就挺好。饺子就酒，越喝越有嘛。哎，拿酒啊。"小于一边抱怨小石的实在，一边抱怨着丈夫死要面子活受罪。

看着小石不慌不忙的样子，为了不浪费那1000元钱的门票钱，小宝决定先让妻子走，把小石打发出去就跟着来。可是夫妻俩都饿着肚子，看到小石吃得那么香，肚子也越来越饿，说的只是客套话，却不是真心话。

看到小于拿着衣服准备出门，小石以为是夫妻俩准备去买菜，还客气地说："哎哎，嫂子拿衣服干啥，不许出去买菜，你看，谁出去买菜，我跟谁急。"……

要是遇到一个明白事理的人还可以，可是偏偏遇到了一个听不懂真心话和客套话的人，吃亏的只能是自己了。

不是所有的场合都适合客套话！无论什么时候，说话前一定要分清场合，明白对方说话的身份，否则就不能明白对方说的哪句话是真心的，哪句话是客套。

千万不要把客套话当成别人的真心话。客套话不能避免，要理解客套话，如果听不懂别人的客套话，就可能误入歧途，产生不必要的麻烦，引起不必要的误会。

幽默式开场白，气氛更欢快

切记：一开始不能严肃，要幽默开场。

演说者运用幽默的方式开场，就能瞬间拉近自己和听众的距离，让听众产生一种优越感，同时让听众感受到演说者的谦虚和自信。

胡适先生有一次演说时是这样开头的："各位同学，今天我不是来给大家讲课的，本人姓胡名适。第一次见面，希望大家不要拘谨。咱们一起胡说一下，彼此适应适应。"台下哄堂大笑，气氛一下子活跃起来。

诙谐幽默的开场，能让听众会心一笑，放松整个现场的氛围。

一、幽默开头的方式

谐语幽默开场，可以根据不同的现场、不同的听众来选择相应的方式，那么演说要怎么幽默开头呢？演说幽默开头的方法有哪些？

1. 自我介绍中的幽默

如果是跟听众第一次见面，演说前就要进行一番自我介绍。而幽默地介绍自己，就能在开始时利用自己的幽默感，打破沉闷的局面，继而迅速地吸引听众，集中听众的注意力，为演说的顺利进行做好铺垫。

台湾著名艺人凌峰在一次电视台春节联欢晚会上发表过一段即兴演说，自我介绍采用的就是幽默的方式：

在下凌峰……这两年，我走遍了大江南北，男观众对我的印象特别好，因为他们见到我有点优越感。我这个样子对他们没有构成威胁，他们很放心。（大笑）他们认为，我长得很中国，（笑声）中国五千年的沧桑和苦难都写在我脸上了。（笑声、掌声）一般说来，女观众对我的印象都不太好，有的女观众对我的长相甚至已经到了忍无可忍的地步。（笑声）她们认为我是人比黄花瘦，脸比煤球黑。（笑声）但是我要特别声明，这不是本人的过错，实在是父母的错误，当初并没有征得我的同意就把我生成这个样子。（笑声、掌声）……

2. 演说艺术中的幽默

要用热切的语调、真实的细节和充满戏剧性的情节引出幽默的力量，在关键话说出之前，可以制造一些悬疑。演说者不要迫不及待地把妙语趣事说出来，因为要想将幽默的效果发挥出来，就要让听众有出乎意料的感觉。讲到幽默笑话时，对重要的、关键的字眼要加重，强化笑话效果；重要的语句说完后，要停顿一下，加深别人对它的印象。同时，演说的时候，还要如行家一样把幽默力量运用自如，把幽默力量真实而自然地表现出来，将幽默力量融合为演说的重要组成部分。

3. 控制听众中的幽默

用幽默的力量来帮助演说开头，就能吸引听众的注意，活跃气氛，松弛紧张，并跟听众建立起一种友好关系。听众的注意广度很短暂，尤其当演说者以单调低沉的语调，在某一个主题上平淡而谈时，听众更容易感到乏味而分散注意力。这时就要抓住听众的注意，改变话题，或者改变讲话的方式，以一则笑话或一句妙语给予听众幽默力量。

4. 即兴演说中的幽默

要想在即兴演说中表现幽默，最好事先收集一些“即席”的笑话、趣闻、妙语，灵活运用，使演说更为生动、有特色、合时宜。

二、诙谐幽默的演说开场白集锦

（一）普通演说者的开场白

1.“朋友们，有些人真是经营有道、投机有方啊！《诀窍铭》告诉我们：位不在高，头尖则灵；官不在大，手长则行；斯是诀窍，唯吾钻营；对上捧粗腿，对下用私人；吹牛走鸿运，拍马不碰针，可以开后门，讲交情。无正义之细胞，无原则之准绳，烟酒来开道，金钱能通神。孔子曰：‘何鄙之有’？”

2. “不好意思，各位，你们来错地方了，今天的演说取消了；我想我们并不需要什么演说，我们需要的是真心的沟通。那么，我们今天真心的沟通就开始了。”

3. “我姓胡，所以我接下来说的话都是胡言，各位不可当真。我姓古，今天是晚上，天上有一点月光，与我在一起，就成了“胡”，所以我说的可能是胡言乱语，各位不可计较呀！”

4. “Ladies and Gentlemen，有请我闪亮登台，很喜欢我的请鼓掌，太喜欢我的不要鼓掌，谢谢合作……”

（二）名人的经典诙谐幽默开场白

1.1935 年 3 月 7 日，高尔基应邀参加苏联作协理事会第二次全体会议。代表们听到高尔基的名字，热烈地鼓掌与欢呼，高尔基开始讲话：“把花在鼓掌上的全部时间都计算起来，时间就浪费得太多了。”这时，台下响起一片笑声。

2. 某学校举行纪念“五四青年节”演说比赛，一位女学生先声夺人。在她演说之前，已有七名同学进行了演说，他们的称呼大多是“老师们、同学们”，女学生采用了别人没有用过的称呼语：“未来的工程师、会计师、厂长、经理们，大家好！”该学校设有机械、铸造、会计、管理等专业，女学生通过这一符合实际情况又富有新意的称呼，立刻吸引了听众的注意力。

做个自我介绍，让听众了解你

要想让听众接受你或你的观点，首先就要让听众了解你

自我介绍就是让听众了解你的最佳方法

自我介绍在整个演说内容中所占的比例非常小，只有简短的几句话，时间也非常短。那么，怎么在这么短的时间内把自己呈现给大家呢？

一、演说时如何自我介绍

演说时，做自我介绍，要做到以下几点。

1. 多些幽默成分

幽默能在最短的时间里拉近演说者和听众的距离。比如，一个人这样做自我介绍："每个女人都是为爱折翼的天使，她们来到人间，再也回不去天堂，需要男人好好珍惜。我也是天使，不过降落的时候不小心脸先着了地，回不去天堂了。还好，我还有一颗天使的心，善良、仁爱。"在捧腹大笑中，听众便不知不觉地把演说者记在了心中。

2. 语言要简单精炼

许多演说者在做自我介绍的时候，就像报户口、做简历、添履历表。比如，“我叫×××，×××出生，曾担任×××，爱好×××。”这种介绍方式枯燥乏味，无法给人留下什么印象，当演说者将最后一句话说完时，估计听众已经把前面的忘得差不多了。精炼的自我介绍，要用精彩的语言展现闪光多彩的自己。

3. 树立一个自信的形象

不管在任何时候，自信都是成功者必备的要素之一，要想赢得演说的成功，首先也要对自己有信心。因此，在演说开头，树立一个自信的形象异常必要。

4. 掌握好语速和语调

做自我介绍，像机关枪一样突突突地说完，不仅不能使听众消化，还容易给人留下一种不自信、紧张的感觉。同样，语调平淡，像读课文，也是不可取的。

二、自我介绍的公式

自我介绍的公式中，共包括以下五个方法。

1. 讲干货

干货就是生活或工作中的小技巧。比如，如果你是做网络的女孩，可以这样做自我介绍：

大家好，我叫×××。我是做网络安全工作的，我想教大家一个设置密码的小技巧。众所周知，密码在使用一段时间后就会过期，需要重新设置密码，这样就会将过去的密码忘掉。那么，如何设置密码不容易忘记呢？可以把密码分成两部分，固定部分+可变部分。比如，……大家学会了吗？好，谢谢！

2. 讲观点

讲一个自己认可的观点，如座右铭，或自己喜欢的名人名言。比如，可以说："我认为一切皆有可能。"然后，稍微展开讲一讲，如举几个名人的例子，说说他们是如何从普通人一步步成长为自己想成为的人。最后做总结："既然别人可以，我们每个人也都可以。"如此，就能显得你很有信念，是一个积极向上、充满正能量的人。听众也就愿意跟你结交了。

3. 讲结果

结果就是你曾经取得的成就。比如，你是做销售的，可以这样说："我曾经在一个月的时间内新增了10个客户，成交金额5 000万元，收入达50万元！在销售方面很有心得。如果有人对销售感兴趣，可以私下聊一聊。"听众中，如果有人对销售感兴趣，自然就会跟你结交。

4. 讲资源

如果手里有丰富的资源，人们也会愿意跟你结交。比如，你是做婚恋的，身边有很多美女资源，男性听众自然就愿意认识你，因为通过你，他可能会找到一个女朋友。

讲一个特别的故事，引起听众的兴趣

演说要学会讲故事：

讲自己的故事

讲朋友的故事

讲名人的故事

讲成功的故事

讲真实的故事

人们天生就喜欢听故事，以一个有趣的故事开头，相信多数人都会被你吸引。这里，既可以讲自己的故事，也可以讲别人的故事，更可以讲经典的故事……当然，最好讲自己的故事，因为这样更有说服力。

新东方创始人俞敏洪是讲故事的高手，他曾经说："我觉得人类最重要的能力，就是编一个自认为能够实现的，并有益于所有人的故事，带着大家一起去实现。"所以，在他每次的演说中，故事都是一串串的。

马云更不用说，靠着讲故事，阿里巴巴走到了今天，他的很多名言都被奉为金句。

生动有趣、感人至深的故事，每个人都爱听，无论哪种演说，以故事开篇都会给人留下深刻印象。因此，在演说开头，就可以给听众讲一个与主题有关的短小精悍的故事。

这里有段介绍：

大家好！很高兴认识大家！

我叫杜昌，杜是诗圣杜甫的杜，昌是昌盛的昌。我记得自己读初中的时候写过一首诗，语文老师还当着全班同学的面表扬了我。我当时特别开心，以为自己将来也能成为像杜甫一样有名的诗人。但想不到这么多年过去了，我却成了一名普通的软件工程师。但是，我不甘平庸，既然我成不了有名的诗人，就做一个有情怀的演说者。所以我决定，要学好演说。在这里，我祝愿大家，认识杜昌，演说不慌。

自我介绍时，讲故事可以让听众记住你。用情节生动、内容新奇的故事作为演说的开场白，更能吸引听众的关注。讲故事的开场白好处很多。当然，要讲好一个故事也并不容易，需要掌握一定的讲故事技巧。

1. 不要过分谦虚

讲故事时，要保持高度的自信心，不要表现得过分谦虚。故事还没开讲，就说“我讲的故事可能并不精彩”等，会直接打击听众继续听下去的信心，听众会产生“你自己都觉得没意思，那我听下去也没什么意义了”的想法。而听众这样一想，演说也就失败了一大半。

讲故事的开场最好反其道而行之。即使是一个简单的、不精彩的故事，也要提前告诉听众：“这是一个精彩至极的故事”“这是我喜欢的一个故事”“这是我所知道的有意思的故事”……只有这样，听众才容易对你的故事充满兴趣。

2. 设计好表情和动作

要想让自己的故事有吸引力，不仅需要语言流畅，还需要与故事内容表现一致的表情、动作和神态。故事发展到危急紧要的时刻，语速要快，语气要紧张，手势要干脆，神态要严肃；而在安静抒情时，语速则应该放缓，语气要平和，手势要温柔，神态要轻松。

3. 确保故事的简短和完整

在开场白中，故事应该简短，篇幅不能太长，否则，容易给听众造成喧宾夺主的感觉。同时，故事也应该是完整的。比如，故事发生在什么时候、故事的主人公是谁、故事的情节怎样、故事有什么样的原因与结局……这些都应该一一告诉听众。如果故事不完整，会造成故事指涉不明确、意图无法呈现、揭示不了主题等问题。

4. 说好第一句话

如果听众很崇拜你，随便怎样开头说故事，对方都会欣然接受，并饶有兴味地听下去；如果对方开始时根本就不了解你，对你没有信心，想让对方对你的故事感兴趣，听你讲下去，就要在故事的第一句话上下些功夫。

5. 使用故事性语言

使用故事性语言是指，讲故事时，要多使用描述性语言，少用逻辑性语言；多用通俗易懂的词汇，少用艰涩难懂的词汇；多用简单易懂的故事逻辑，少用复杂隐晦的故事逻辑。

提问式开场白，最能打动听众的心

> 给听众提个问题，就能引导听众将注意力集中起来。

一、提问式开场白好处多

提问式开场白的好处如下。

1. 把演说变沟通，让演说主题深入人心。一般来说，“讲”是单向表达，演说者在演说中加入“问”这一环节，演说就从单向表达变为双向沟通了。这样做，演说就变成了聊天，不但听众容易接受，也会在无形中增加演说者的亲和力。

2. 转移听众焦点，让焦点从演说者的身上转移到问题上。通常，当演说者登台后，听众的关注点一般都会停留在演说者身上。比如，颜值怎样、海拔多高？当演说者开始发问后，听众就不再留意演说者长得如何了。

3. 容易引起听众的注意，让听众的注意力集中在讲台上。可以想象这样一幅画面：演说者开始发问后，听众立刻抬起头来，朝讲台上看，不再盯着自己的手机，不再地翻看朋友圈的留言。

4. 引发听众思考，让听众从被动听讲变为主动思考。演说者提出问题，如果听众愿意配合并积极思考，听众就能大大增加对演说内容认识的深度和广度。

5. 提高学习效果，让听众更好地吸收。参与者比旁观者收获更多，越主动、越投入，越快乐、越能修成正果！

二、没用好提问式开场白的原因

有些演说者使用这种方法的时候，经常碰壁，原因何在？笔者认为，无外乎表 3–1 中所述这些。

表3–1　经常碰壁的原因及说明

原因	说明
问题太浅 听众没兴趣	一般来讲，演说者所提的问题，最理想的结果是，少部分听众有能力回答。如果大家都能回答，并且都觉得问题太过简单，听众对此就不屑一顾了，因为回答这样的问题会让人觉得拉低了智商
问题与 主题无关	为了追求较好的现场效果，有些演说者会向听众提一些看起来有趣而与主题毫无关联的问题，让听众“丈二和尚摸不着头脑”，导致听众心里纳闷：这到底唱的是哪一出
问题太生硬 听众感到别扭	如果演说者向听众提出一些比较敏感、比较棘手的问题，不采用含蓄词语和委婉语气，就会让听众觉得不自然。当然，听众也不愿意去回答诸如此类的“不友好”的问题
问题太强势 听众感到抵触	为了体现自己的权威，有的演说者喜欢采用高分贝的音量，或者咄咄逼人的语气，向听众提问，而很多听众对这种的演说者、这样的提问，一般都会干脆假装听不见
问题太多 听众感到厌烦	如果演说者一口气问听众一连串好几个问题，并且这些问题还不是以一个问题为主，各自不相干，听众就容易崩溃。根本不知道如何回答，最终只能干脆不回答
问题太难 听众感到痛苦	如果演说者问了一个听众都回答不了的问题，场面就尴尬了。大家都陷入长长的思索之中，既没有人有能力也没有人有勇气回答这个问题了

三、使用提问式开场白的技巧

使用提问式开场白时，要做到以下几点。

1. 有的提问不需公开答案

有时，演说者向听众提问，只是为了诱发听众的积极性；有时，演说者向听众提问，只是为了调研，了解听众对演说主题的了解程度。在这种情况下，就可以用“大家的回答非常不错”来结束提问，不用公开自己的“标准”答案。

2. 鼓励听众回答问题

演说者向听众提出问题后，首先要鼓励听众踊跃回答问题。听众做出积极的回应后，不管答案是否正确，都要鼓励这种抢答行为。如果听众的回答跟演说者心中的答案非常接近，还要提议大家给他报以热烈的掌声。

3. 重视提问的措词

有些问题比较敏感，避开这类问题的话，又达不到效果。因此，演说者必须选用恰当的话语，必要时还要多加入一些谦词、客套话、感谢语等，避开敏感问题的锋芒，让听众觉得舒服一些。

4. 多提自己知道答案的问题

向听众提问时，所提的问题不但要是自己能把握的，问题涉及的课题还要是自己的研究对象，是比较擅长甚至精通的。尽量不要问自己也不知道答案的问题，否则，离死就不远了。

5. 提问后不一定要自问自答

比如，演说者认为这个问题有点难，如果非要听众回答，可能会浪费时间，也可能让听众难堪。所以，演说者提出问题、让听众思考十几秒钟后，要立刻给出问题的标准答案。

6. 所提问题要深入浅出

自己对问题可以深入研究，但提问的时候，一定要让听众听上去觉得很简单、很显浅，因为只有这样，听众才愿意回答并积极参与。

7. 重视提问的语气

向听众提问时，演说者的语调应该是温和的，应该是商量的。在情绪上，尽量不要给听众压力，要如同跟老朋友聊天一样，轻松自然。

8. 重视问题与主题的相关性

演说者可以提一个让听众感到意外、但跟主题密切关联的问题。但不管如何变化，始终都不能脱离演说主题。

四、混合型提问式开场白

演说开始时，如何完美地把提问式跟其他方式混搭在一起使用？

1. 幽默式 + 提问式

这种方式是杀伤力超强的演说开头方式。比如，下面这个例子：

20 世纪 50 年代初的一天，上海市市长陈毅来到市文联做报告。为了表示对事情的重视，工作人员在讲台上铺了洁白的台布，还摆放了插上名贵鲜花的花瓶和精美的茶具。陈毅登上讲台，看了看眼前的情景，把台上的花瓶和茶具移到台下，说："我这个人，一讲话就容易激动，一激动起来就会手舞足蹈，这花瓶和茶具放在台上就有点碍手碍脚了，要是碰翻摔碎，我还真赔不起！大家说，对不对？"报告还没真正开始，大家已经被这个"开场白"逗得哈哈大笑。

2. 直入式 + 提问式

这种方式也是非常好用的。比如，下面这段演说采用的就是直入式加提问式开场方式：

“亲爱的各位朋友，大家好！今天我给大家分享的课题是“中小型企业如何组建属于自己的企业大学”。讲座内容一共分为三大块，也是我多年的工作经验总结，既是干货，更是私货！认真听完之后，回去就能组建企业大学。大家想不想知道这三大块内容？到底想不想？”

3. 故事式 + 提问式

这种方式也是一个演说高手的至爱。比如，下面这个例子：

某知名培训师上台后，先抛出一句名言，接着讲了一个小故事：“推销大师乔吉拉德曾经说过一句话：‘成功的起点叫相信，成功的终点叫坚持。’这句话的意思是，作为销售人员，只有坚持到底，才能获得最终的成功。比如，有一个叫原一平的保险推销员，坚持拜访一位老人家，前后一共花了 15 年的时间……”

4. 赞美式 + 提问式

这种方式是演说高手或培训师的“家常菜”。比如，下面这个例子：

大家好！在这个世界上，我欣赏的人大约有几类。现在，我想知道我欣赏的人有没有就在现场。第一类是想成功的人，并且希望通过自己的努力实现自己人生价值的人。现场有没有？请举起手来，让我们认识一下！好！非常好！请大家给这几位掌声鼓励一下！第二类是想赚钱的人……

5. 名言式 + 提问式

这种方式是培训师开场的杀手锏。比如，下面这个例子。

某推销培训大师上台后，第一句话就是："想致富，跑业务，啥业务，大客户，发大财，有缘故：第一步，找对路，第二步，要顶住。大家说，对不对？能不能掌声鼓励一下？"

当然，这种互动方式，只用于销售人员的培训，不适合于其他听众。

夸赞式开场白，每个人都喜欢听

> 多数人都喜欢听到他人夸赞自己，
> 虽然这条原则已经被人们用烂，
> 但依然是吸引听众关注的良策。

赞美能给人带来舒适感，能使人拥有好心情，在开场白中使用赞美听众的话语，就能吸引听众的注意力。但是，赞美也并不容易。不掌握赞美他人的技巧，即使赞美别人时表现得很真诚，也不会赢得对方的关注与亲近，甚至有可能得罪对方，使对方远离你。但只要掌握了以下关于赞美的技巧，赞美别人时或许就能收到良好的效果。

1. 直接赞美和间接赞美

赞美分为两种，一种是直接赞美，另一种是间接赞美。

（1）直接赞美。比如，“你们的眼光真好”“你们的答案真精确”。

（2）间接赞美。比如，“我来之前，朋友一再跟我强调，今天来参加此次会议的人都是精英中的精英、人才中的人才，一定要让我好好准备，不然会被赶下台。于是我进行了充分准备，希望今天分享的内容能对大家有一点点启发，如果有讲的不好的地方，还请多多包涵！”借朋友警告的名义方式，赞美与会人员都是精英，同时描述自己因朋友的警告而小心翼翼、做足准备，充分表现出诚恳之意，达到了在放低自己的同时将对方捧上了天的效果。

2. 赞美听众自以为优越的地方

每个人都有自以为优越的地方，赞美对方自以为优越的地方，既能使对方开心地接受，又不会让对方出现诸如溜须拍马等不良意图的嫌疑。如下例：

一名衣着品味时尚的女士走进服装店，导购小姐就可以这样开场：“欢迎光临 ××× 店！（短暂停顿几秒）小姐，看得出您很会搭配衣服，不管是质地还是色彩，都搭配得非常出色，您不会是服装设计师吧？”如此，就能短时间内赢得对方的好感。导购小姐接下来再向她推介店里的衣服时，购买的几率就会非常高。

3. 赞美听众的地域属性

如果听众是杭州人，可以说："杭州是个好地方呀，苏轼笔下的'欲把西湖比西子，淡妆浓抹总相宜'，杨万里笔下的'接天莲叶无穷碧，映日荷花别样红'，都是说你们杭州的。"如果听众是湖南人，可以说："八百里洞庭，鱼米之乡，'唯楚有才'，毛泽东的出身地湖南，果然是人杰地灵的好地方。"如此，既能激起听众作为一个听众的自豪感，又能显示出你深厚的历史文化功底。

4. 不同的听众，使用不同的赞美

赞美听众之前，要先确保自己是否已经对对方有了一定的了解，一定要弄清楚令对方引以为豪的事情是什么？对方忌讳的事情是什么？对方有什么特别的长处？此外，赞美还具有针对性，让对方觉得自己很重要。如果对方是湖南人，就要说湖南人的好话；如果对方是教师，就要称他为"人类灵魂的工程师"等。

5. 赞美听众的热情

赞美听众的热情，不仅会让对方得意开心，更会鼓励人们表现出更高的热情。如下例：

应邀到某地举行演说，受到了听众的热烈欢迎，开场白就可以这样说："现场来听讲座的朋友们，你们真是太热情了，我都被你们感动了。我去了那么多地方做演说，你们是我见过的最热情的听众，谢谢你们！"

第四章 少些恐惧，平和地站在台上

成功的演说有三敢：

敢想

敢说

敢做

放松下来，上台之后才不紧张

告诉自己：

我喜欢舞台

我热爱舞台

到处都是舞台

上台演说是一门必修课，是每个人都要经历的一个小环节。这可能是在工作中必要的实用技能，也可能是出行中的一小部分。总之，只要能轻松演说，自己就能更有魅力。

一、知道演说上台紧张的原因

演说时紧张，多半是因为内心深处存在恐惧。恐惧、担心和害怕会影响肝胆经的运行，肝胆经运行变差会影响大脑的供血供氧，脑供氧不足会影响记忆肽的记忆水平。因此，就容易紧张、忘词，甚至大脑一片空白。

演说中的恐惧一般来源于四个地方。

1. 担心自己讲不好

如果台下坐的是 3 岁的孩子，你会感到紧张吗？如果是 80 岁的大爷大妈，你会感到紧张吗？一般都不会。因为他们没有判断能力，不管你讲什么，他们只能表示认同，所以你的紧张一般都不是听众造成的，而是担心听众的判断和你不同，所以你担心的是听众对你的不认同，而不是讲的怎么样。

2. 不相信自己

很多人演说时之所以会感到紧张，是因为不相信自己。其实，第一次上台多数人都会感到紧张，如今我依然清晰地记着自己第一次走上讲台的时刻。原定计划是我的老师以及团队小伙伴上台主持，可是你推我，我推你，最终大家推荐从来没有上台的我。我感到异常紧张，不断地熟悉着讲稿，默念“上帝一定保佑我不要出差错”，不断地心理暗示自己“我可以”，不断地让自己努力去适应角色的转变。音乐响起，我跟着音乐的节奏走上讲台，我反而放松了自己。当时只有一个信念，管他三七二十一，讲了再说。果不其然，因为心态的转变，所以出色地完成了演说任务，所有观众都给以热烈的掌声！那时我发现，其实演说也不难，相信自己最重要！

3. 过度渴望得到某些东西

过度渴望得到某些东西。比如，成就、荣誉等，将注意力放在上面，更容易失去。只有保持良好的状态，才能得到最好的结果，因此要保持轻松愉快的状态。

4. 过度重视演说

注意力过度集中会影响大脑的供血状态，精神的聚焦使血液凝聚在肝脏，很容易发挥失常。

二、上台演说不紧张的窍门

站在演说台上不紧张，可以使用下列方法。

1. 预先在镜子前多排练几次

每次排练都注意观察自己的面部表情，不要过于张扬，不要过于兴奋，要保持正常的面部表情。要把握语调和语速，正常或激情昂扬的语速会给人以不同的感觉：语速过快，就听不清演说的内容和重点；语调太慢，人们就会厌倦犯困。所以，保持正常的语速和语调很重要。

2. 巧妙应对颤音

如果演说时感到紧张，出现颤音和颤抖或说错话了，都不要紧张，既然已经错了，就即刻改正。出现了颤音，就悄悄地深吸一口气；如果听众的目光让你感到不舒服，就避开他，将注意力集中在不重要的事情上；如果出现颤抖，就抓住自己最近的东西，大声清晰地将自己要说的话讲出来。

3. 演说时多与观众互动

好的听众一定会认真与演说者保持互动，因此要仔细看着对方的眼睛，即使微小的细节，也不要放过。记住，听众认可的点头，或善意的微笑，都是对你的肯定。如果听众举手发问，一定要认真地回答他。

4. 熟悉自己要演说的内容

无论是自己写的演说稿，还是上级安排的任务，演说之前，都要看几遍演说稿，直至熟练。经过多次练习，就能知道自己主要讲的是什么、围绕着什么主题展开。

记住，不管做任何事，过度紧张，都会影响最终的结果。演说同样如此。

上台之前给自己做减法，减少焦虑

问问自己：怎样才能使自己上台演说不焦虑，不怯场。

一、演说焦虑有原因

琳达工作能力还不错，但因为一次工作汇报，让她感到很懊恼。

这次是年底的工作汇报，琳达本想好好表现，争取来年有升职加薪的机会。可是一上台，琳达就开始紧张。意识到自己紧张后，琳达就更紧张了，整个过程完全不知道自己说了什么。结束后，琳达心情很郁闷：我还能升职加薪吗?

生活中，很多人都和琳达有过同样的经历，只要公开发言，就感到紧张，一上台就焦虑。

其实，演说焦虑，是一种普遍现象。调查显示，20%～85%的人在面对众人演说时，都会出现或多或少的焦虑感。甚至有人还说，比起死亡，我们更害怕公开演说。因为公开演说离我们更近，发生的概率更高。

演说，不是演说大师的专利。对普通人来说，公开演说的机会也有很多。比如，工作汇报、产品展示、年终总结等，甚至结婚时，新郎新娘发言，也是公开演说。

公开演说如此普遍，为什么还是害怕和焦虑呢？面对演说焦虑，如何调整自己呢？

1. 担心否定评价，担心得不到认可

研究发现，惧怕否定评价与演说焦虑存在正相关，越惧怕听众否定评价自己，演说者焦虑感就越强。当演说者对自我的评价完全建立在他人的看法时，就会很害怕听众的否定评价，因为这意味着“我是不好的。”演说时，不仅要把内容说清楚，还要观察听众的反应：是聚精会神，听得认真；还是窃窃私语，完全不关心？

如果搜集到的信息多数都是负面、充满伤害的，脑海里就会出现“我不行”的声音。要想调整这种状况，就要将重心放在内容上，增加自我觉察能力。

如果演说时一直都在想：“我怎么做才能不被否定？”就会将心思放在观察台下的反应上，而不是内容上。

演说的目标应该从“获得外界的认可”“避免被认为是糟糕的人”转向“把内容说清楚，提高演说能力”。同时，更要明白，自身能力的高低不能全依赖外界的评价。

因此，在日常生活中，演说者要多关注自己，要对自己做的好的地方给予肯定，不好的地方及时调整，增加自我觉察能力。如此，当听众否定你时，自己的情绪就不会受到太大影响了。

2. 对自身能力缺乏自信

研究表明，自我概念，即演说者对演说的认知、期望值和自信心的强弱也会对焦虑程度产生影响。对自己的表现期望过低，自信心不足，演说中就会过多地关注负面反馈。比如“我这个没解释清楚，他们好像不感兴趣！”这时可以用来调整的方法是运用加法思维，看到自己身上的闪光点。

在演说过程中，运用加法思维，内心不期待零瑕疵的表现，就更容易看到自己身上的闪光点，增加演说的自信心。保持加法的思维模式，遇到卡顿或看到听众玩手机，也可以告诉自己：“这种情况很常见，只要一部分人感兴趣即可。”更多地看到演说的精彩之处和外界的正反馈，内心的焦虑感就会越来越少。

3. 不确定性忍受力低，不容许出错

“不确定性忍受力”是指个体在不确定情境中对信息进行感知，并做出一系列的认知、情绪和行为反应。不确定性忍受力低，人们就会出现完美主义倾向，不容许出错。要想做个完美的人，就不能让自己出错。在演说过程中突然忘词或感到紧张，就会立刻否定自己：“我怎么感到紧张了？”“我竟然忘词了？”因为不允许自己出错，所以一出错就紧张，一紧张就更紧张，最后完全把注意力放在关注自己紧张上，内容就讲不清楚了，陷入恶性循环。调整方法：做好充分准备，且给自己更高的容错率。

二、降低演说紧张感

演说开始前，做好充分准备，把演说过程中可能会出现的问题想象一遍，并在脑海里演示解决方法，就能将演说的不确定性减少。同时，给自己更多的犯错空间，也能有效降低演说的紧张感。

把标准定在 100 分，一个错误都不能犯，就会时刻绷紧神经，内心承受极高的焦虑感。默念“做到合格的水平就行，犯些小错误没关系”，就能多一些理解和包容的态度，不会因为担心出问题而感到紧张。

如何消除演说的紧张感呢？可以使用下面一些方法。

1. 不高估演说，不高估观众

（1）上台演说前，很多人都会给自己的演说设想一个效果。比如，欢呼雀跃、掌声雷动等。一旦出现这种想法，基本上就会伴随着对演说本身的恐惧。所以，要把心思花在演说内容的规划上，让演说言之有物。

（2）对演说的恐惧通常都来自台下的观众，一双双期待的眼睛会在瞬间让焦虑不安的情绪蔓延。其实想想，大家都是人，苍茫宇宙中，谁又比谁高明多少？你不可能完美，同样别人也不可能，完美只是一种假象。

2. 不要长时间紧盯同一个观众

演说的时候，如果太紧张，或者某个观众有决策权，演说者就会长时间地盯着同一个观众的眼睛，完全忘记了跟其他观众的眼神交流。演说中，虽然演说者是主角，但演说也是语言交流的一种方式。过长时间地盯着同一个观众，会引起其他观众的不快。演说者不能把注意力集中到同一个人身上，要对所有观众一视同仁，积极地去发现观众对演说内容的反应，并及时做出回应，调动观众热情，让演说顺利地进行下去。

3. 认真分配时间

合理安排时间是确保演说成功的重要因素，包括如何利用开头效应，在演说开始的时候，给观众留下好印象？每页 PPT 安排多长时间？什么时候将演说推向高潮？如何把整个演说保持在规定的时间内？如果演说时间比较长，应该间隔多久插入一些轻松的话题等。把握了演说时间，不但会增强演说者的信心，还能让演说者根据时间来删减或添加内容，而不打乱整个演说的架构。

4. 合理利用停顿

上学时，经常会出现这样一个场景：老师讲课，有些同学低头干别的，不听课，当老师突然不说话了，该同学就会抬起头来看看发生了什么。这就告诉我们：停顿可以引起人们的注意力。这个办法同样可以运用在演说中。比如，如果演说者意识到观众开始走神了，就可以使用这种方法：停住所说的内容，减慢语速，清晰地重复一遍，观众的注意力就能再次被吸引过来。

5. 高音量，慢语速

演说中，洪亮的声音更能打动人心，更能增强演说者的可信度。所以，习惯轻声细语讲话的演说者，在演说中，就要有意识地提高声音的音量。此外，语速也很重要。虽然语速快代表着一个人思维敏捷、表达能力好，但演说更适合使用比较缓慢的语速。如此，不仅可以帮助听众对演说内容做出感应，还能让演说者从容不迫、有条不紊。

6. 着装隆重一些

首先，男士领带不能太鲜艳，否则会将观众的目光吸引到演说者身上，进而分散观众聆听演说内容的注意力。当然，鲜艳的颜色，比如红色会让演说者显得热情，更容易感染观众。其次，无论男女都要尽量穿深色衣服，因为这样的着装会让演说者看起来稳重，更令人信服。

7. 重复重要部分

欧美政治家经常会使用这样一个演说技巧：重要部分不断重复、强调。想让听众记住的重要部分，就要每隔一段时间重新提起，把短期记忆变成长期记忆。这样反复多次，自然就能在听众的脑海中留下深刻的印象。

多给自己一点积极暗示

做好第一步，上台才有好状态：

调整心理状态

静坐、冥想、潜意识

听励志兴奋的音乐

深呼吸，跑步，跳跃

喝温水，不要喝凉水

头一天早休息当天早起

在当代心理学中，还有一个著名的实验：

美国心理学家罗森塔尔和L·雅各布森来到一所小学，打算进行7项实验。

他们从1～6年级各选了3个班，对18个班的学生进行了“未来发展趋势测验”。之后，罗森塔尔以赞许的口吻将一份“最有发展前途者”的名单交给了校长和相关老师，并叮嘱他们一定要保密，以免影响实验的正确性。其实，罗森塔尔撒了一个谎，因为名单上的学生是他随便挑选出来的。

8个月后，工作人员对这批学生进行复试，结果奇迹出现了：名单上的学生，成绩都有了较大的进步；他们性格活泼开朗，自信心强，求知欲旺盛，喜欢跟别人打交道。

可见，积极的心理确实有着极强的向导作用。

心理学家巴甫洛夫认为：暗示是人类最简单、最典型的条件反射。所谓心理暗示是指，一个人接受外界或他人的愿望、观念、情绪、判断、态度等心理特点，是一种异常普遍的心理现象。通常，心理暗示可以分为两类：自我暗示和他人暗示。对于演说来讲，要充分调动积极的自我暗示。因为，失败并不可怕，可怕的是你以为自己会失败的念头。同理，演说成功也并不难，事先要有“自己会成功”的心理暗示。

其实，从我们还是小孩子的时候，就开始接受来自外在世界的心理暗示了。比如，跑在路上，你摔倒了，母亲把你抱起来，安慰说：“吹吹就不痛了。”这时候，孩子们一般都会止住哭泣。实际上，痛觉依然存在，但心理暗示会告诉你的大脑“不痛”这个信息；大脑接受后，就不会再向你传递“不痛”这个信息了。

心理暗示，有着巨大的作用。《世说新语·假谲》中有个故事：

曹操带兵出征，途中找不到水源，士兵们口渴难耐。曹操骑马往前奔去，之后回来，让亲卫传话说：“前面有一大片梅林，结了许多梅子，又甜又酸，可以用来解渴。”士兵们听后，在条件反射的作用下，都流出了口水，一时也就不渴了。凭着“想吃梅子”的愿望，找到了水源。

这就是成语“望梅止渴”的来历。他的深层原因就是曹操给予士兵的心理暗示。同样，演说中，有些演说者为什么害怕面对观众，不敢自信地演说呢？每个人给出的理由多半都不一样，但相同点是，他们的心理暗示并没有告诉他们：要相信观众，相信自己可以做到。

通常，演说之所以会失败是由于很多演说者在上台前就开始在心里默念“好紧张”。如此，只能给演说者带来消极的心里负担。心理学中的信念定律告诉我们：只要对某件事情抱着百分之一万的相信，最后就能变成事实。

无论在演说前发生了什么，对于自己的演说一定要有信心，要不断地进行自我暗示：“我可以，我行！”如此，就能从根本上扭转个人的紧张。同时，在演说过程中，如果发生了什么事情，先不要急着告诉自己“怎么办”，要先稳住，并暗示自己“我可以解决这个问题”。

记住，唯有相信，才有可能！

把注意力集中在演说上

告诉自己：

我要相信、要专注

我是全世界最伟大的演说家

演说时，有没有出现过这样的经历：

人已经站到演说台上了，但脑子里想的还是路上遇到的撞人者；

人已经站到会议桌边了，脑子里想的还是孩子老师刚才打电话反映的孩子打人的问题；

人已经站到谈判桌上了，脑子里想的还是没有找到的资料和文件；

……

很多人在演说的时候，无法把自己的注意力专注到演说上来，就容易使自己的情绪影响演说的效果。当你对演说不专注的时候，也是对听众的一种不尊重，也会引起听众的不满。那么，演说要怎样做到专注呢？

1. 设定一个积极的目标

要想集中注意力，就要给自己设定一个自觉提高注意力和专心力的目标。一旦确定了积极的目标，就会把自己的注意力专注到自己的目标中，你也会为之更加努力。演说时，如果你的专注力不够，就可以在演说中给自己设定一个积极的目标。当然，在一场演说中，你可以给自己设定无数个积极的目标，并且这些目标还要能很容易完成，不会让你产生压力。给自己设定了目标后，你就会很想去达成，专注力就容易放在自己的演说上了。

2. 把目光放在听众身上

演说时，可以将自己的注意力放在听众身上。把自己的注意力放在听众身上，你就会时刻关注听众脸上的表情，也能随着听众表情的变化来判定自己演说的效果。如果对自己的演说效果很在乎，你就会把自己的专注力放在演说上。而且，把自己的目光放在听众身上，就能在很大程度上将自己的注意力放在听众身上，而不会放在别的地方，让自己注意力不集中。

3. 善于排除内心的干扰

这里要排除的不是环境的干扰，而是内心的干扰。演说的环境可能不错，很安静，但有的演说者会思绪乱飞，不会将心思放在演说上。有时候会想：今天中午要吃什么、放假要去哪里玩、需要花多少钱……如此，演说的时候，想法就会被内心干扰。因此，要想真正做到专注，除了排除环境的干扰外，最重要的是排除内心的干扰。

第五章

重视逻辑性，更能打动人心

演说的唯一目的

就是帮助更多人

清晰亮明观点，突出演说目的

问问自己：这场演说我想要得到什么样的结果

有这样一个故事：

白龙马跟随唐僧从西天取经归来，出了名，成为“天下第一名马”，众马都非常羡慕。于是，很多励志成功的马都来找白龙马，问它：“为什么自己也很努力，却一无所获？”

白龙马说：“其实我去西天取经时，大家也没闲着，甚至比我还辛苦。我走一步，你们也走一步，只不过我目标明确，要走来回两个十万八千里，而你们却在磨坊里原地踏步而已。”

众马露出了明白的表情。

一句话，白龙马和众马的区别就在于，前者目标明确，勇往直前；后者，缺少目标，原地踏步。这就是有无目标的最大区别。

路就在脚下，只能靠自己掌控！要想获得演说的成功，固然需要埋头努力，但明确正确的方向，更加重要。因为只有明确了目标，才能进行后期的材料整理，才能有理有据，才能达到演说的最终效果。记住：目标越明确，得到的就越明确。

目标是演说的终极指挥棒，是演说者所有行动的核心准则。因此，演说之前，一定要根据演说主题制定明确的演说目的，并将这个目的细化到每个阶段；演说中，要积极亮明观点，清晰思路。

演说的五大常见目的如下。

1. 训练听众技能

这种目的的演说，通常是通过某种严格的行动规则使听众接受训练，让他们获得某方面的技能，如口才训练演说就是通过表达训练使听众获得出色的表达能力，上岗前培训能够让员工掌握必要的工作技能。

2. 传播信息和观点

有些演说主要是想通过演说将一些重要信息传递给听众，使听众从中获得益处。要想达到这个目的，就要让听众明确地知道，你能给他们提供什么帮助。

3. 激励听众行动

这种演说主要是通过演说让听众感动，将听众内心深处巨大的潜力和斗志激发出来，使之在热情的推动下，立刻行动起来去做某件事。比如，动员会。为了鼓励团队成员积极行动，在规定的时间内完成工作任务，就要召开动员会，激励他们团结在一起，提高工作的主动性。

4. 让听众快乐

娱乐性活动或节目中，经常需要这样的演说。具体方法是跟听众做一些游戏，开展一些活动，使听众从中获得快乐的感受。

5. 说服听众接受

有些演说的目的就是要让听众接受演说者的内容、认识和观点，要想说服听众，演说用词就要逻辑清晰、证据充足、情感投入，使听众在你的感召下按照预期的目的和方案去行动。

把握好演说中的时间逻辑

好的演说都不是肆意而为的，都会重视时间的逻辑性

演说内容一般分为：开场白、主要内容和结论。其中，主要内容占发言时间的75%。如何才能把握好演说中的时间逻辑？用手表查看自己的演说时间，但不要死盯着手表的指针，只要将开始和结束的时间记下来即可。因为，手表指针的运动会给演说者带来一种压力，让演说者抓紧时间，适时调整自己的演说速度。比如，如果觉得自己讲得太慢，在接下来的演说中，完全可以把速度提高一倍；如果觉得自己讲的有些快，可以把语速放慢，用使人昏昏欲睡的口吻把句子拖得长一些。

经验丰富的演说者一般都知道，演说的各部分各占多长时间。即使演说时间在总体上控制得很好，依然会把时间分割得更加细致一些。演说练习进行到一定程度，每次演说花费的时间就会大致相等，这时

就可以在笔记上记下各部分各自花费的时间。比如，在开场白的位置标记“2 分钟”，在第一个要点后记下“5 分钟”，在第二个要点后记下“8 分钟”等。

合理分配演说各部分的时间，演说者就能从容调整内容。比如，原计划用 5 分钟讲述第一个要点，看到听众的反应，知道自己必须用 8 分钟才能使听众明白，就可以将第二个要点和第三个要点中的小故事省略掉，空出多用的 3 分钟时间。

演说者如果对时间的估计很精确，不需要外在提示，就要坦然地把自己的手表摘下来放在自己看得到的地方，或者请听众席上的同事或朋友给你发信号，但不能过于依赖钟表。

演说有层次，会分类，多总结

演说都是有层次的，有结构的，结构一定要跟结果挂钩

如何才能让演说条理清晰、主次分明、重点突出？答案就是，学会分类，多总结。

1. 学会分类

演说的时候，按照事物、事件、内容等性质进行分类，按类别去

演说，内容就会更加有条理。

（1）按事物或事件以及内容的性质进行分类，按类别去表达，可以让演说变得更加有条理。比如，同样是谈人们对北京的印象，怎样分类来谈呢？按区域分对北京各个区的印象，东城区、西城区、丰台区、大兴区等；按天、地、人分，对北京的气候、绿化环境、北京人的印象等；按领域分，对北京的经济、文化、城市建设等方面的印象等。

（2）按分类来表达，最能体现一个人对事物或问题的分析和认识角度，表现为一种概括性。比如，用辩证法一分为二的思路来切入问题，就会出现：积极的一面，消极的一面；内因是什么，外因是什么；优势在于，劣势在于……

（3）从事物的涵盖面来考虑，也是常用的方法。比如，对于发生的大事，可以分为：经济方面、文化方面、对外关系方面、民众心理方面、历史意义方面等。对于人物，可以从社会关系上分。比如，在同学、同事、领导、家长、客户等眼里分别是怎样的；也可以从活动、职能上进行区分。比如，对于工作、感情、友谊、家人等分别怎样……

2. 注意次序

演说中提到时间、地点、方位、流程、发展、历史、结构、因果关系等时，只要按照一定的顺序讲出来，条理也就清楚了。比如，谈对某个城市的印象。这时候，就可以按照时间顺序来谈：没来广州之前，对广州有什么印象或想象；初到广州一段时间，又产生了什么新印象；在广州工作一段时间后，比较了解了这个城市，又有什么印象和看法……按照时间线性结构来表达，条理就会清晰很多。当然，也可以从地点方位来谈。比如，对广州内的印象是怎样的、广州人又是怎样？等等。

3. 多方提炼

关于重点的突出和提炼，有一个反面的例子：

一次，听说有位牧师在传教，马克·吐温也去听。

牧师慢慢讲起来，台下夸赞之声不绝于耳。听了人们的传言，他对牧师的演说也充满了期待，打算将身上所有的钱都捐献出去。

一小时很快过去了，牧师依然在讲，马克·吐温觉得有些厌烦了。他决定将身上的整钱留下，只捐些零钱。

半小时又匆匆过去，牧师依然在没完没了地讲，马克·吐温决定不再给钱了。

牧师终于讲完了。听众纷纷将钱投入了捐款的盘子中，马克·吐温不仅没给钱，还从盘子中拿出两元钱。有人问他何故？他回答说："这是牧师浪费我时间的补偿！"

故事中，牧师本来要靠传教募捐，但长篇大论，惹恼了马克·吐温，最终非但没有拿到马克·吐温的钱，还被他拿走了两元钱。由此可见，演说并不是越多越好，要说得精，突出重点，要简中求准，惜字如金。

当然，要想提炼演说的重点，就要运用简单的同类字、词、词组来高度概括内容。比如，"发展才是硬道理""摸着石头过河""科学技术是第一生产力"……这些语言简洁有力，朗朗上口。

4. 运用数字序列号

演说中，运用数字序列号 1，2，3……第一，第二，第三……来表达，才能一目了然，让听众觉得有条理性。如果演说的内容没有层次感，只要加上数字，思路自然就能清晰很多。

在结构上，数字序号环环相扣、层层深入，能清晰地表达演说思路。此外，还可以使用“首先”“其次”“最后”等语词来区别层次，使演说思路保持清晰。

巧妙地进行话题转换与过渡

演说的话题不会一成不变

只有灵活转换和过渡，才能将演说完美演绎

一、演说转换话题

说到话题的转换，不仅生活中会遇到，工作中也会遇到，演说中更是常事。而转换话题的目的，都是不想再继续前面这个话题了。

一天，小李下班回家的时候，在小区门口遇到了同学小王。好多年没见的老同学，两人越聊越热乎，不知不觉竟然走到了小李家的楼下。小李邀请小王去家里坐坐，小王答应了，于是两人坐在客厅里继续聊。

突然，小李 6 岁的儿子跑到他的身边，搂过他的脖子咬耳朵。小李和同学正聊在兴头上，于是不耐烦地说：“这么没礼貌！当着客人的面，还咬耳朵？叔叔不是外人，有话快说！”儿子听了，大声说：“我妈让我告诉你，家里没菜，不要让叔叔在家吃饭。”

听了孩子的话，两个大人都愣住了。愣神片刻，小李看了下手表，确实已经到了晚饭的时间，于是将儿子抱起来，用手指刮了一下他的鼻子，说：“你妈今天居然这么给面子！过去家里来客人都是在家里吃，今天居然要到外面吃大餐！好！就听你妈的，到外面吃！”

不难发现，其实儿子之所以要跟小李说悄悄话，主要是想告诉他，妻子不想留人吃饭，是想直接赶人走。这话不能直接当着外人的面说，所以只能说悄悄话。可是，小李却让儿子广而告之了。如果是一般人，听到孩子这样说，可能会感到尴尬，手足无措，而小李却极其镇静，巧妙地转换话题，竟将自己从尴尬的境地拽了出来。

转换话题，能够转移听众的注意力，避免正面冲突，很好地维护双方的面子。因此，演说中，如果不愿意回答听众提出的问题，可以巧妙地转移话题，让听众处于被动地位，使对方无言以对，心服口服。

当然，将话题转移到其他事情上，关键还要看你应对的事情和人物，以及所要达到的目的。比如，如果想拖延时间，就可以迂回地拒绝，最好是把话题引到不相干的地方；如果想让对方知难而退，就要将话题巧妙地转移给对方；而如果想让自己摆脱尴尬的局面，就要像案例中的小李一样变换一个对自己有利的话题。

二、演说语言过渡

在演说过程中突然忘词，是演说者不愿意却又很难避免发生的事情，如果演说者从容镇定，巧妙过渡，或使用上段结尾中的句子进行发挥，都可以巧妙地救场，也许演说也会因此而更精彩。那么，演说时该如何过渡（见表 5-1）？

表5-1 演说语言过渡方法说明

方法	说明
由短到长	演说时间的长短也要体现循序渐进的原则，当然有些短的演说难度很大，但一般来说，短的演说主题集中、单一、开门见山，简单明了，初学者比较容易掌握，即使不成功，听众也能谅解。长的演说结构复杂、涉及面广，主题不容易把握，尤其是在控场能力较差的情况下，更容易造成失败。此外，初学演说的人，在语言运用上也要多用短句，简洁明白，尽量少用或不用信息量较大的长句子。有时为了说明一个问题，宁肯用三个短句，也不要使用一个长句
由分到合	演说是一个综合性活动，包括许多内容和基本功。演说的成功与失败，固然与演说者自身的修养有关，但修养很高的人却不一定能成为一个很好的演说者。因为，演说还有一系列技巧问题，如说话的技巧、发声的技巧、仪态手势、面部表情等。演说者要下工夫先进行单项练习，尤其是自己感到薄弱的环节，更要反复练习，集中力量突破难点
由点到面	一般来说，初学演说者，最好先个人单独练习。这种练习法比较方便，不受拘束，不会受到一些条件的限制，只要是在自己的空闲时间，随时都能练习。当单个练习达到一定程度时，就可以尝试当众练习了。这时，可以邀请家人或朋友、同事乃至有经验的演说者，让他们提出意见，改正缺点，使演说日趋完美
由易到难	相对来说，以叙述和抒情为主的演说比较容易掌握，以议论为主的或综合运用各种表达方式的演说比较难。首先，要掌握叙述、描写、说明、抒情等基本演说能力，进而过渡到议论和综合型演说。不掌握叙述事件的表达能力，演说就无法取得成功。所以，开始就要把叙述型演说的基础打好，然后再进行说理议论型演说练习
善于学习	在练习演说的过程中，要主动学习他人的长处，克服自己的不足。每个演说者都有长处和不足，善于学习的人，自然明白取长补短的意义。记住，高超的演说才能，只属于那些博采众长、刻苦练习、勤奋磨练、持之以恒、执着追求的人
由小到大	初学演说的人，就要从自己比较熟悉的内容开始，如青少年比较关心的理想、立志、学习、纪律、友谊等内容，不要急着去谈论自己不熟悉的、复杂的大道理、大内容。开始练习演说时，题目要小一些，目的要简单，内容要具体，一步步过渡到大题目、大容量、高层次的演说

尽量用简短的话表达自己的意思

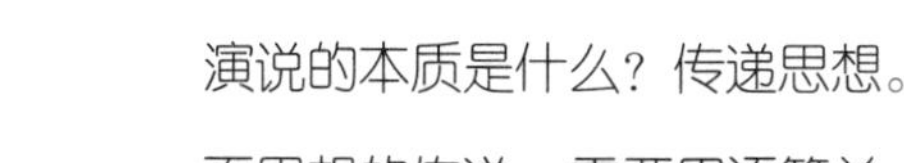
演说的本质是什么？传递思想。

而思想的传递，需要用语简单。

“简洁是智慧的灵魂”，世界著名演说家费尔特一语点破了演说艺术的奥妙。他认为，一个人确实应该经常说话，但每次说话的时间不能太长，要尽量用少的语言去叙述故事：要么简短贴切，要么干脆不讲。

其实，不管是演说，还是谈话，都不能太啰嗦，不能太冗长，更不能含糊其辞。原因何在？因为冗长、啰嗦不仅会妨碍演说的效果，还会让听众感到极度的厌烦。

现代社会，人们的生活、工作节奏变得越来越快，做事的效率也需要得到相应提高，所以在演说的时候，也应当尽量简单一些。而事实也证明，从古至今，不管什么地方的人，都不喜欢听到累赘、冗长的演说。

泰赛克斯是古代的一位圣人，有一次，给青年尤迪克斯讲道理，结果由于演说冗长无聊，不仅将坐在窗边的尤迪克斯催眠了，还不小心掉出了窗外。

人类学博士约翰森，在他的书中有这样的记载：非洲的某个未开化的民族，经常在一起集会，如果一个人说得太多，听众就会叫嚷，让演说者立刻停止。还有一个民族，如果有人要说话，就必须单脚站立，一旦抬起的脚落了地，这个人就必须停止自己的演说。

由此可见，不论是伟大的圣贤，还是落后的原始人，都不喜欢冗长沉闷的叙述，不懂得如何简单扼要地表达自己观点的人，都会让别人感到无聊和厌烦。因此，要想让自己的演说打动人心，就要尽量使用简短的语言。

1. 语言的通俗性

如果演说的语言不通俗，听众听不懂，就会影响演说的效果。为了使演说的语言通俗平易，我们必须从以下几个方面努力。

（1）语言个性化。马克思曾经说过："你怎么想就怎么写，怎么写就怎么说。"也就是说，不管是"说"，还是"写"，都要突出语言的个性化。因为，不同的人，使用的语言是不一样的，这就是语言的个性化。

（2）要说自己的话。有些演说者，喜欢使用一些"时髦"词，或是套话，或是从报刊、书籍上摘抄下来的，生硬地拼在一起。这样的语言听起来很新鲜，但内容干瘪，缺乏生活的真实感。用自己的话讲，可能听起来很朴素、很普通，但更真实自如，更富有吸引力。

（3）语言要生动。好的演说，语言应该是生动感人的。要使语言生动感人，就要使用形象化的语言。

（4）语言要风趣。使用幽默的语言，演说才会朗朗上口，听众才会觉得铿锵悦耳，很有吸引力。

（5）语言的口语化。首先，要解决思想认识问题，写完演说稿后自己读一读，看看是否上口，然后将不适合演说的书面语改为口语；

其次，要选择有利于口语表达的词语和句式。

2. 语言的准确性

演说使用的语言一定要确切、清晰地表达出所要讲述的事实和思想，揭示出它们的本质和联系。只有准确的语言才有科学性，才能逼真地反映出现实的面貌和思想实际，才能为听众接受，达到宣传、教育、影响听众的目的。

要想使演说的语言做到准确，就要具备以下一些条件。

（1）思想要明确。如果演说者对客观事物没看清、没看透，自己的思想还处于模糊状态，用语自然就不会准确。只有思想明确，语言才能准确。

（2）词汇要丰富。词汇的贫乏，会让演说语言变得枯燥无味，甚至词不达意。因此，要想使演说语言准确、恰当，演说者就要掌握丰富的词汇。为了准确地概括事物，就要在大量的、丰富的词汇里，筛选出最能反映出这一事物、概念的词语来。

（3）词语有感情。词语的感情色彩是非常鲜明而细微的，只有仔细推敲、体味、比较，才能区别出词语的褒贬色彩。例如，一个人死了，感情不同，用词也就不同，可以使用“牺牲”“去世”“走了”“死了”“完蛋了”“见上帝去了”等。这些词语虽然意思相同，但感情色彩却截然不同。

3. 语言的简洁性

演说中，要用最少的语言表达出最多的内容。

当然，要想将语言变得简洁，就要对自己要讲的思想内容进行认真地思考，弄清道理，抓住要点，明确中心。只有提前将事情搞清楚，演说时才不会拖泥带水，纷繁芜杂。同时，还要注意文字的锤炼和推敲，做到精益求精，一字不多、一字不少。

第六章

不要忽视了肢体动作的表现力

演说三大核心比例：

肢体动作 55%；

声音语调 38%；

文字内容 7%。

把控好自己的眼神，不漂浮

眼神也称目光语，指的是眼睛的神态。

眼睛是心灵的窗户，眼神是心态的轨迹。对于演说者来说，眼神不仅是信息的传递、情感的外露，更是风采的展现。善于使用目光语，演说者的脸部表情就会显得熠熠生辉，更容易跟观众交流，并产生积极的心理效应。

年轻时候的里根是一名演员，拥有高超的表演技巧。每次演说，他都会充分运用目光语：有时像聚光灯，会将目光聚集到全场的某一点上；有时像探照灯，用目光扫遍全场。

因此，有人总结说，里根的目光语就是一台“征服一切的戏”。

在演说中运用好目光语，就能表现出很强的征服力。因此，作为演说者，必须好好研究它，掌握并运用好它。

1. 提高眼神的专注度

在生活中，可以通过小游戏来提高眼神的专注度。比如，跟朋友两两对视，一直盯着对方的眼睛看，不要眨眼睛。每天练习 5 组，尽量提高每次对视的时间。当你与朋友对视能一分钟都不眨眼睛时，眼神的专注度也就提高了。当然，如果想一个人练习，也可以对着镜子，将眼神聚集在一个点上。

2. 提高眼睛的反应速度

在每天早上，伸出食指，向东南西北四个方向移动，眼睛跟着手指的移动方向，做相应的移动。每次三分钟，坚持一周后，加快手指移动的速度，提高眼睛移动的速度，增加眼睛的反应能力，坚持下去，很快就能见效。

3. 丰富个人生活阅历

要想真正练就有感情、会说话的眼睛，就要对生活多观察、体会和分析，知道不同情景的眼神表现。同时，当个人阅历丰富之后，人们也就会相信你了。

演说时如何控制视线

> 用视线跟听众互动，是演说必备的方法之一。

好的演说都是声情并茂的，而声情并茂必定离不开视线的帮助。

眼睛是心灵的窗户，视线有时也是一种语言。如果演说者的视线是躲闪的，听众就会觉得你不自信。不自信的人，怎么能做出精彩的演说？不自信的演说者，如何能说服听众？

演说时，如果视线一直盯着一个地方，如天花板、窗户、地板等，就会给人一种背课文的感觉。如此，演说也会生硬很多，缺乏生气。演说时，演说者要将自己的视线从容地投放到听众身上。精彩而又逻辑紧密的语言加上能够互动交流的视线，一定会使演说者和听众之间碰撞出激烈的火花。

演说中，对于自己不感兴趣或持不同意见的演说，很多听众都会表现得漠视、鄙视甚至不耐烦。看到这样的视线，演说者的心情就会受到影响，甚至自信心会受到打击。所以，演说者应该多跟肯定、赞赏、敬佩等的视线进行交流。这里，给大家重点介绍常用的八种目光语。

1. 环视法

对于一些感情浓烈或场地较大的演说，如果想掌握整个演说现场的动态，照顾全场，统帅全局，演说者就可以使用这种方法。具体过程：演说者的视线有节奏或周期性地环视全场，在环视的过程中，视线可以从听众席的左边扫到右边，也可以从听众席的右边扫到左边，但视线基本上都是弧形的。但由于视线的跨度较大，难免有为视线而视线之嫌。所以，演说者在演说时，头部摆动的幅度不能过大，眼珠也不能肆意乱转。

2. 虚视法

这种方法在演说中使用频率很高，尤其是初上场的演说者可以用它来克服紧张与分神的问题，不至于看到台下火辣辣的眼神而感到害怕。具体过程：演说者用自己的视线似看非看地望着观众，让听众觉得演说者一直在注视自己。另外，表达愤怒、悲伤、怀疑等感情时，也可以使用这种方法。

3. 点视法

如果想表示对热心听众赞许和感谢、对有疑问的听众进行引导启发、对想询问的听众给予支持鼓励、对影响现场秩序的听众进行制止，都可以把视线集中到某一局部听众或某个听众身上。这种方法的应用很广，但使用这种方法时，时间不能太长。

4. 前视法

如果想了解听众的反应，演说者就可以使用这种方法。具体过程：演说者的视线沿着听众席的中心线，从第一排一直看到最后那一排；在向前看的过程中，视线可以不匀速，但范围必须顾及到坐在两边角落里的听众。

5. 侧视法

演说者观看全场观众时，采用“Z”形或“S”形的视线路径，既可以避免环视法视线幅度变化较大的缺陷，又能让演说者把握全场动态。

6. 仰视法

抒发情感时，如赞美、感叹、表决心等，或表示尊重、回忆、思索时，演说者就可以抬起头，视线向上，往天花板上看。不过，此种方法不能过多使用。

7. 俯视法

演说者在表示惭愧、不好意思、沉思时，或表示长者对后辈的爱护、怜悯与宽容时，可以低下头，视线向下，往地板上看。当然，此种方法也不能过多使用。

8. 闭目法

演说者在讲到英雄人物壮烈就义时，可以使用此种方法，具体过程：演说者把眼睛闭上，暂时不看现场观众。但此种方法，在演说中很少使用。

表情活了，现场也就亮了

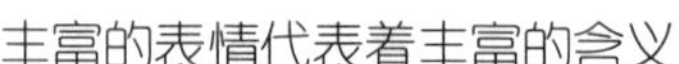

在态势语中，面部表情和手势都是最能传情达意的，是演说者内在思想感情在外貌上的显示。正如法国作家、社会活动家罗曼·罗兰所说："面部表情是多少世纪培养成功的语言，比嘴里讲的更复杂到千百倍的语言。"所以，富有经验的演说者，总会充分利用面部表情，表达出丰富的思想感情，吸引听众、影响听众、感染听众。

在当今的演说活动中，这种全人类的表情也成了演说过程的重要手段之一，以最灵敏的特点和共性，把具有各种复杂变化的内心世界表现出来，如高兴、悲哀、痛苦、畏惧、愤怒、失望、忧虑、烦恼、疑惑、不满、得意等，表现出丰富的感情世界。

丰富的面部表情有着较强的感染力，但表情的动人之处还在于自然，自然才显得真挚，动作才不会虚假。

一、演说表情的正确打开

在许多情况下，表情能替代语言进行信息交流，如双眉紧皱，嘴角下撇，代表"真讨厌"；双眉紧皱，圆睁双眼，抿紧嘴唇，表示"很生气"；双眉紧皱，双眼不停地转动，表示"在思索"；两人见面相视而笑，表示“彼此问候”。

对于演说者来说，面部的每种表情也能传递出一定的信息，是演说者情绪变化的显示仪，更是其思想表达的暗示器。例如，表达高兴的意思时，可以眉开眼笑、春风满面；提到忧愁的内容时，可以愁眉不展、眉结不开；表达羞怯、激动等情感，可以双颊绯红，“热泪盈眶”……

当然，有些场合并不适合用语言来交流，无声表情比有声语言更能表达思想感情，如在追悼会上，演说者悲痛的表情，比大声说“我悲痛万分、悲痛欲绝”要好数十倍。

同时，表情语言还能给彼此造成一定的心理影响。例如，在演说中，听众露出惊讶或兴奋的神色，演说者就会非常得意，知道自己所讲的内容已经吸引了听众，已经给他们留下了好印象；如果听众的表情冷淡或不以为然，就会打击演说者的激情和自信心，也会破坏双方的感情。

不过，高明的演说者，通常都会对观察到的各种表情做相应的调整，采取相应措施，确保演说的成功。

二、演说表情有“三忌”

演说者的面部表情，要保持自我的本来面目。具体说来，表情有以下“三忌”。

1. 死板，不灵活

拘谨木讷，会影响演说的感染力和鼓动力。站在演说台上，演说者死死盯着 PPT 不放，或上台后仍然冥思苦想、目不斜视，像小学生背书似的背诵讲稿，表情呆板、冷若冰霜，就会成为听众眼中的“铁面人”“白雪公主”。

2. 扭捏，不自然

故作姿态，即使露出了感情，也是不真实的、不自然的，无法真正感染听众。矫揉造作的面部表情，还会使听众感到滑稽或虚假，降低对演说者的信任感，影响演说效果。

3. 慌张，不镇定

演说者惊惶不安、手足无措、面红耳赤、战战兢兢，就无法将中心思想和内心情感传递出来，甚至还会影响听众的情绪。

那么，演说时如何控制面部表情呢？面部表情不仅要自然，更要丰富、生动，应随着演说内容和演说者的情绪发展而变化，既顺乎自然，又富于变化，把听众引入演说者希望达到的形象、感情、理性等境界中，或把听众的情绪由低潮引向高潮，使听众产生共鸣。

用面部表情，渲染演说氛围

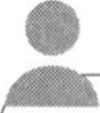

人的面部表情会说话。

巧用面部表情，也能渲染现场气氛。

生理学家研究发现，人的面部肌肉组织由 24 支肌筋构成，它们控制着五官，影响着人类的喜怒哀乐。比如，演说时，如果脸部的肌肉动作都向上，说明演说者的内心是愉快、和蔼、友好的；同样，为了表示内心的不快、悲哀和痛苦，就要将脸部肌肉的动作都向下。

所谓面部表情是指，包括脸部在内的头部各部位对于情感体验的反应，与有声语言配合密切。可以说，从演说者站上讲台的那一刻起，听众就开始关注你的一举一动，你的喜怒哀乐直接影响着他们的喜怒哀乐。

一、不同的表情，不同的含义

不同的面部表情，代表着不同的含义。

1. 嘴型。嘴型的变化也能反映出情感的变化，如嘴角向下，代表忧愁、失望、谦逊等；嘴唇紧闭，表示极端厌恶、不满等；嘴角向上，代表了正面、积极的情绪，如快乐、开心等。如果在某个时刻大张嘴巴，则代表了恐惧或极度惊异等情绪；如果嘴唇颤抖，则代表了愤怒至极或激动不已。

2. 眉目。眉目的变化是面部表情中更直接的。比如，横眉怒目，代表恼怒；双眉紧锁，代表忧愁；眉目低垂，代表冷淡；眉飞色舞，代表非常兴奋；眉毛挑起、眼睛骤然睁大，则说明感到异常惊讶。

总之，这些表情深刻地反应了一个人的精神状态。演说的时候，即使演说者的口头语言平淡不惊，听众通过你的表情，也能在悄无声息中知道你的秘密。

二、运用面部表情的基本要求

演说者要充分运用表情的表现力，尽可能地声情并茂、眉飞色舞，将自己的表情、情感和语言联系起来。

演说表情的一般要求（见表 6–1）。

表6–1　演说表情的要求说明

要求	说明
表情多些艺术感	演说中的面部表情既区别于生活中的面部表情，也有别于舞台艺术中“脸谱化”表情；拘泥于单纯、原始的生活化，会缺乏美感，无法感动人；一味地追求纯艺术化，显得过度夸张、不自然，会失掉演说的现实性和严肃性。所以，要将面部表情和内心世界完美地结合在一起，体现出生活的真实性和艺术性；让听众受到情感的陶冶，让他们获得美的享受

续表

要求	说明
表示适可而止	运用面部表情传达情感，要不温不火、适可而止，把握好其中的“度”。做的过了，就会显得矫揉造作、平淡无奇。以“笑”为例，根据情感变化的缓急，可以使用不同的“笑”。比如，“开怀大笑”“莞尔一笑”“抿嘴一笑”“脸上挂着笑意”
让表情明朗一些	演说者面部表情所表达的情感，不仅要准确，还要明朗，每个微小的变化都要让听众感受到。高兴就是高兴，忧愁就是忧愁，生气就是生气，要少些似是而非、模糊不清的表情
让表情灵动起来	演说过程中，演说者要迅速、敏捷地反映内心的情感。一般来说，面部表情应当跟有声语言所表达的情感同时产生、同时结束，既不能过长或过短，也不能稍前或稍后
让表情有真实感	演说者的面部表情一定要表现出自己的内心，要让听众感觉出这是你心灵深处真实的东西。如果听众觉得哗众取宠、华而不实，面部表情做得再好，也无法取得理想的演说效果

站都不会，你就糗了

> 一旦站到演说台上，你就成了主角。
>
> 站都站不稳，演说如何顺利进行下去。

精彩的演说，通常都是在站立的状态下进行的。

一、为什么演说时要用站姿

演说时，为何要采用站姿？著名演说者曲啸有句话非常精彩，给出了完美答案。他说：“演说者的体态、风貌、举止、表情都应给听众以协调平衡的至美感受，要想从语言、气质、神态、感情、意志、气魄等方面充分地表现出演说者的特点，也只有在站立的情况下才有可能。”

事实也证明，站着演说确实有很多好处。

1. 从听众的欣赏角度上来说

站着演说能让演说者处于激情四射、精神抖擞的状态，体现了演说者对这场演说抱有的极大热情和期待、对听众的高度负责态度，继而赢得听众的喜爱。如果是坐着演说，听众会觉得，演说者本人不是在摆架子，就是没有演说经验，演说可能就不精彩了。

2. 从演说者的语音发声角度来说

站着演说，可以保证所有共鸣腔（包括口腔、鼻腔、咽腔、胸腔、头腔等）的畅通，有利于最大限度地发声。坐着演说，就无法达到气吞丹田的境界。通常，杀伤力很强的慷慨陈词、振臂一呼，只有在站立的状态下才能发挥出来。

3. 从演说者的态度语言角度上来讲

站着演说，有利于优美动作、大幅手势的发挥。比如，斜劈、横扫等力量性手势的运用。同时，还有利于整体形象，包括合身服饰、得体打扮的展现。但如果是坐着演说，演说者修长的身材、西装革履等形象就会大打折扣。

4. 从演说者的生理状态角度上来讲

站着演说，可以让演说者永远处于亢奋状态，保持昂扬斗志；同时，也能迫使演说尽量精短一些。因为站着演说，时间长了，腰部受不了；坐着演说，还可能东拉西扯、啰啰唆唆、没完没了。

二、正确的站姿要求

想要站出风采和气度，必须对站姿提出要求。现在一一介绍如下。

1. 双手的位置

在台上站好之后，最好将双手放在哪里？放在什么地方才显得又自然又优雅呢？常用的双手摆放方式有以下七种（见表6–2）。

表6–2　常用的双手摆放方式

站姿	说明
两侧式	具体方法是将双手自然下垂，放到身体两侧，中指刚好对准裤子两侧的裤缝。这种站姿很自然，是演说者最常用的站立方式。但是，这种站姿比较古板，不够潇洒；造型也不好看，缺少创意
前叉式	具体方法是将双手相互交叉，放到腹部。通常，双手掌虎口交叉，右手握住左手的四个手指，包括食指、中指、无名指、小指，右手掌与左手背接触，也可以用右手握住左手的手腕部。这种站姿比较有范，一般来说，男演说者都喜欢采用这种站姿
后叉式	具体方法是将双手相互交叉后，放在身后。此时，一般是用右手握住左手的手腕，也可以用右手握住左手的四个手指，包括食指、中指、无名指、小指，右手掌与左手背接触，而右手的手背正好贴在腰骶部的正中间。这种姿势很有权威，给人一种居高临下的感觉，仅适合于领导演说时使用
叠放式	具体方法是将双手手掌一上一下重叠，紧贴在腹部，将双手掌与腹部平行。通常，将右手掌放在左手掌的手背上，双手不用交叉、不用相握，左手的掌心正好盖住肚脐。将右手掌放在左手掌上，才便于右手在第一时间划出优美的单手手势。这种姿势非常有范，适合男演说者使用
端放式	具体方法是将左右两手掌虎口交叉，用右手握住左手的四个手指，包括食指、中指、无名指、小指；两掌的掌心相对，一上一下与地面平行、与腹部垂直，放到腹部前面。此时，右手完全放在左手上，好像左手端着右手，两手的手掌跟腹部还有一定的距离。这种姿势非常端庄、相当优雅，适合女演说者使用
抓放式	具体方法是将左右两手掌虎口交叉，用右手握住左手的四个手指，包括食指、中指、无名指、小指。不同之处在于，右手掌的掌心与左手掌的手背接触，即右手抓住左手，一上一下与地面平行、与腹部垂直，放在腹部前面。这种姿势，端庄优雅，适合女演说者使用

续表

站姿	说明
前后式	具体方法是将一只手掌放在体前，一只手掌背在体后。通常，将右手掌平放在体前腹部，将右手手掌心刚好盖住肚脐；左手放在身后腰部，手背刚好贴住腰骶部的正中部位。在演说中，这种手势很少使用，除非演说者想模仿酒店的服务员，才会采用这种站姿

2. 双脚的位置

常用的双腿站立方式同样有以下四种。

（1）“丁”字步。具体方法是将两脚伸直，并步站立，一只脚的脚尖正对着前方，另一脚的脚尖正对着侧方，正对侧方的那只脚的脚跟靠近另一只脚的二分之一处，两脚不能分开，两脚掌正好组成一个“丁”字。此时，双脚掌相互垂直，一前一后；前脚（脚尖正对着侧方的那只脚）的脚跟轻轻靠近后脚的脚弓。如果左脚尖对着侧方，就是“左丁字步”；右脚尖对着侧方，就是“右丁字步”。这种姿势端庄优雅，造型好看，很有范，适合知性女演说者。

（2）“V”字步。具体方法是将两脚伸直、双膝并拢，双脚跟靠近，两脚尖分开，刚好组成一个“V”字。两脚跟之间的距离为 0 ～ 3cm，两脚尖之间的距离大约为 10cm，两脚掌之间的夹角约为 45°。这种姿势比较优雅，造型严肃庄重，英气逼人，也是男女演说者经常采用的站姿。

（3）稍息步。具体方法是在平行步的基础上，将一只脚自然站立，另一只脚（一般是右脚）向前迈出半步，两脚之间相距约 12cm（即前脚的脚跟与后脚的脚尖之间的距离）。此时，两脚脚掌的夹角约为 10 度。这种姿势，适合于男女演说者变换站姿时使用。

（4）平行步。具体方法是将两脚伸直、自然分开，身体的重心刚好放在两脚中间；两脚接近平行状态，双脚脚掌的夹角约为 10°，双脚间的距离与肩部同宽。这种姿势比较自然，造型中规中矩，缺乏创意，适合男女演说者采用。

3. 四种基本站姿

演说者常用的基本站姿共有以下四种。

（1）前进式。具体方法是双手采用端放式，双脚采用小丁字步，将双手一上一下重叠，端放在腹部前；右脚在前，左脚在后，前脚脚尖指向正前方或稍斜向外侧，两脚掌延长线的夹角约为 90°，两脚跟距离约为 15cm。这种站姿最灵活，重心没固定，可以随着上身前倾与后移的变化而分别定在前脚跟与后脚上，不会因时间长、身体无变化而不美观。另外，手势动作灵活多变，能表达出不同的感情，是演说中最常用的站姿。

（2）自然式。具体方法是双手采用双侧式，双脚采用平行步，即将双手自然下垂，放到身体两侧；将两脚自然分开，两脚间的距离与肩同宽，约 20 厘米。这种姿势的造型不能给观众留下深刻的印象，多数演说者在舞台上站定后都不会采用这种站姿，只有没有舞台经验的人才会使用。

（3）稍息式。具体方法是双手采用前叉式，两脚采用稍息式，即将双手交叉放在体前，一脚自然站立，另一只脚向前迈出半步，两脚跟之间相距约 12cm，两脚间夹角约 10° 。这种姿态，形象比较单一，会让人觉得不严肃，不适合长时间单独使用，只有在演说者需要更换姿势时才用。

（4）立正式。具体方法是双手采用前叉式或叠放式，双脚采用小“V”字步，即将双手交叉或重叠放在体前腹部，双脚跟靠拢，两脚尖分开，成“V”字型。这种姿势比较稳重，成熟的演说者都比较喜欢使用。

打手势不是瞎比划

不同的手势，代表着不同的含义。

演说可以打手势，但不能瞎比划。

演说中，使用最多、动作最大的，就是手势。手势是人类进化历程中最早使用的交际工具，先于有声语言。其重要性犹如早在两千年前的一位古罗马的政治家、雄辩家说过的："一切心理活动都伴随着指手画脚等动作。双目传神的面部表情尤其丰富，手势恰如人体的一种语言，这种语言甚至连最野蛮的人都能理解。"

手是人体敏锐的表情器官之一，手势是体态语言的主要形式，使用频率也是最高的。双手活动幅度较大，活动最方便、最灵巧，形态变化最多，表现力、吸引力和感染力也最强，最能表达出丰富多彩的思想感情。适当的手势可以增强言语的可靠性与力度，更能有力地表达自己想说的，使演说看起来更精彩与生动，更能吸引观众的目光和注意力，最终更好地实现演说效果。

一、演说手势的使用原则

寓意深刻、优美得体的手势动作，能产生极大的魅力，激发出听众的热情，加深听众对演说内容的理解，使演说获得成功。演说使用手势的时候，要坚持以下几个原则。

1. 准确

演说时，很多演说者都会使用手势传递各种信息和情感。可是，为了有效避免和克服手势运用的混乱与理解的歧义，使听众明晰、准确、完整地理解自己的用意，就要准确使用手势。

要用大家都明白的手势表达意思，使手势同口语表达的意思一致。演说的时候，演说者言行不一，听众就会不知所云。比如，当演说者竖起大拇指、其余四指弯曲时，就表示“强大、肯定、赞美、第一”等意思；挥动双手，则表示“热情致意”。夸赞某件事或某个人时，如果挥动双手，很难想象结果会是怎样的？

2. 适度

所谓适度是指，演说时手势的频率和幅度，具体来说。

（1）频率。在演说的过程中，演说者没有任何手部动作，就会显得生硬呆板；可是，动作太多太碎，又会喧宾夺主，使听众从所讲的内容上移开注意力。跟任何作用于人的视觉内容一样，多次反复手势，很容易失去吸引力；动作太少，不仅不利于感情的表达，还不利于听众的理解。因此，把握好手势的使用频率异常重要。

（2）幅度。手势幅度的大小与演说者的感情、语势有很大的关系。幅度大，表示感情强烈；幅度小，表示感情平和。手臂不动，是小幅度；手臂挥动，甚至双手挥舞，是大幅度。一般来说，大幅度的手势不能过多，只能偶尔使用一下；使用的手势太多，张牙舞爪，就会破坏演说的整体协调美，甚至还会引人发笑。

二、演说手势分类

演说者的手势主要有以下几类。

1. 指示手势

指示手势可以用来指示具体真实形象，可以分为实指和虚指两大类。所谓实指是指，演说者用手去指在场的人或事或方向，且均在听众的视线内，如“我”或“你们”“这边”或“上面”“这些”或“这一个”等。虚指是指，演说者和听众不能看到的，如“在很久很久以前”“在遥远的地方”。指示手势比较明了，不带感情色彩，比较容易做。

2. 模拟手势

模拟手势信息含量很大，能够升华感情，有一定的夸张色彩。比如，双手合抱，把梨子虚拟成一个大球形，表达出人们的真情实意。用手势描述形状物，其特点是“求神似，不求形似”。

3. 习惯手势

任何一位演说者都会做出一些只有自己才做而别人不会做的习惯性手势，且手势的含义也不明确、不固定。不同的演说内容，也会体现出不同的含义。

4. 抒情手势

抒情手势是一种抽象感情很强的手势，在演说中运用频率最多，如兴奋时，拍手称快；恼怒时，挥舞拳头；急躁时，双手相搓；果断时，猛力砍下。

学会用手掌示意听众

想让听众停止某个动作或让听众开始某个动作，都可以用手掌来表示，用手掌表示远胜过口头的直接表达。

看到这个标题的时候，先来思考一个问题。

是否有人曾经用一根指头指着你？

想想，你是什么感觉？会不会觉得被指控，感到很不舒服。即使对方出于好意（或本无恶意），但被人用手指着，也会让人有种被控告的感觉，让人觉得对方似乎在发出挑衅。

演说中，手掌的运用最普遍、最常见、最频繁，是手势语的主角和态势语的重头戏。所以，必须认真掌握与熟练运用。既然如此，演说中如果想指定一位听众，该怎么做呢？可以将手指合拢，伸出单掌，向某位或全体听众示意。可以大胆地指点，让听众积极地回应你。

优秀的演说者都知道这个技巧，虽然很简单，却能极大地提高互动效果，使听众感觉舒适自然，有利于在演说者和听众之间建立起一种亲密关系。

演说中常用的手掌动作，共有以下 11 种。

1. 挥手

动作要领：手臂向前，手掌向上挥动。

代表含义：激励、鼓动、号召、呼吁、前进、致意等。

挥手训练：“同志们，朋友们：让我们在爱国主义的旗帜指引下奋勇前进吧！”

2. 伸手

动作要领：手心向上，前臂略直，手掌向前平伸。

代表含义：请求、交流、许诺、谦逊、承认、赞美、希望、欢迎、诚实等。

伸手训练：“人活在世上，谁不希望自己的一生过得有意义、有价值一些呢？”

3. 压手

动作要领：手心向下，将前臂下压到下区。

代表含义：安静、停止、反对、压抑、悲观或气愤等。

压手训练：“谁若把金钱看得比荣誉还尊贵，谁就会从高贵降到低贱。”

4. 抬手

动作要领：手心向上，手臂微曲，手掌与肩齐高。

代表含义：号召、唤起、祈求、激动、愤怒、强调等。

抬手训练：“尊敬的各位领导、各位来宾，亲爱的同学们，大家早上好！”

5. 摆手

动作要领：将手心对外，前臂上举到中区上部。

代表含义：反感、蔑视、否认、失望、不屑一顾等。

摆手训练：“凡在小事上对真理持轻率态度的人，在大事上也是不可信任的。”

6. 侧手

动作要领：将手掌放在身体一侧，手心朝前。

代表含义：憎恨、鄙视、神秘、气愤，指示人物和事物等。

侧手训练："你要想获得幸福，你就得给世界创造价值。"

7. 举手

动作要领：五指朝天，前臂垂直，手掌举到头部。

代表含义：行动、肯定、激昂、动情、歌颂等。

举手训练："人生的价值在于奉献，生命的真谛在于创造！"

8. 推手

动作要领：手心向前，前臂直伸。

代表含义：坚决、制止，果断、拒绝、排斥、势不可挡等意。

推手训练："谁不属于自己的祖国，那么他也就不属于人类。"

9. 心手

动作要领：将五指并拢、弯曲，自然放在胸前。

代表含义：自己、祝愿、愿望、希望、心情、心态等。

心手训练："爱国魂是最纯洁的灵魂，爱国心是最美好的心灵。"

10. 合手

动作要领：将两手在胸前由分而合，双手合一

代表含义：亲密、团结、联合、欢迎、好感、接洽、积极、同意等。

合手训练："爱国主义就是千百年来巩固起来的对自己祖国的一种深厚感情。"

11. 分手

动作要领：将两手在胸前由合而分，双手打开，做另一手势状。

代表含义：打开后手势的区域不同，代表意识也不同：下区，分别表示空虚、沉思、消极；中区，分别表示赞同、乐观、积极等；上

区，分别表示兴奋、赞美、向上等。

分手训练："我们世界上最美好的东西，都是由劳动、由人的聪明的手创造出来的。"

手势语应该秉承一定的原则

用手势做动作，需要遵守一定的原则，不能肆意而为。

演说中，做手势动作，必须遵循以下几个原则。

1. 雅观自然

演说中，运用体态语言、动作时，要做到端正、高雅，符合生活美学的要求。

听众之所以要听演说，除了获得信息、受到启迪外，还要获得美的享受。因此，演说者的体态动作要做到姿态优美、恰如其分，符合人们的审美习惯；演说者的手势要自然，因为自然才能看到感情的真实流露，才能真实地表情达意，才能给人以美感；手势语还要符合演说者的性别、年龄、经历、职业及性格等特征。

2. 保持协调

肢体语言应该实现以下三个协调。

（1）手势与全身保持协调。演说者的手势从来都不是单独进行的，它的一举一动总需要跟声音、姿态、表情等配合。演说以讲为主，以演为辅，少了肢体动作，演说只是讲话而已；只有动作跟演说者的体态保持协调，才能显出美态。

（2）手势与口头语言保持协调。手势的起落要跟话音的出没保持同时和同步，不能互为先后。话说出去了，手势还没有做；话已讲完，手势还在继续……不仅会失去演说的意义，还会使听众感到滑稽可笑。

（3）手势与感情保持协调。演说中感情激昂时，手的幅度、力度可以大一些；情绪低沉时，可以小一些，手势幅度和感情成正比。例如，下面这段演说词的动作幅度就应该大一些。

如果中国是头沉睡的雄狮，我们就应该用热情去唤醒他，让他咆哮，让他呐喊！

如果中国是条俯卧的巨龙，我们就要用双手去托起他，让他腾飞，让他振兴，让他永远屹立于世界强国之林！

到那时，我们都将自豪地说："我是中国人。"

下面的这段演说词的动作幅度就要小一些。

青年人有青年人的脚步，老年人有老年人的脚步，但不管是谁，无论迈出什么样的脚步，都要凭着两只脚，一步一步地走完漫长而短暂的人生之路。朋友们，我们正走在这条路上，请回头看看自己走过的脚步，不妨仔细想想：在未来的征途中，我们的双脚该怎样迈步、往哪迈步？

3. 适宜、适量、简练

手势语的运用，要遵守适宜、适量、简练的原则，具体来说。

（1）手势动作要简单精练。体态语言是口语的辅助手段，使用时太多，毫无节制，会喧宾夺主，要尽量少用，将手势的作用最大化。手势动作表演过多，不一定能加强演说效果，所以演说中的手势动作应该简练、得体，宁少勿多。演说者每做一个手势，都要力求简单精练、清楚明了、干净利索、优美诱人，不能琐碎，不能拖泥带水，更不能做小动作、碎动作和重复动作。

（2）手势的多少要适量。手势动作过多，会显得轻挑作态，使听众感到眼花缭乱，甚至听众还会拿演说者的动作开心。但是，如果演说者在台上从头到尾都不用手势，也会显得局促不安，失掉演说的感染力和活力；演说者的气质、风度也就无法体现出来，使听众无法深刻理解演说的思想内容，而感到枯燥无味。因此，手势的多少要适量，既不能多，也不能少。

（3）手势要跟内容相适宜。演说中，只有将手势动作与口语表达密切配合起来，才能将含义生动具体地体现出来。演说者的手势必须随着演说内容、自己的情感和现场气氛自然地表现出来，手势的部位、幅度、方向、力度都应与演说者的语言、表情、身姿协调一致，千万不能生搬硬套地勉强去凑。

4. 具体手势要因人制宜

在演说中，态势语的恰当运用可以表现一个人的成熟、自信、涵养、气质和风度。演说者要根据自身条件，选择符合自己的身份、性别、职业、体貌等的手势，突出手势的表现力。

（1）就身高来说，个子比较矮小的演说者可以多做一些高举过肩的手势，让自己的形体显得高大一些；个子较高的演说者，可以多做一些平直横向动作，弱化自己的“高”。

（2）就年龄来说，老年演说者体力有限，手势幅度可以小一些，显得精细入微；中青年演说者身强力壮，手势幅度可以较大，显得气魄雄伟。

（3）就性别来说，男性的手势要刚劲有力一些，多做外向动作；女性的手势主要是柔和细腻，多做手心向内的动作。

当然，对于在什么情况下该打什么手势、做什么动作，是无法确定的，主要依赖于演说者自己的摸索和模仿。但初学者一定要注意，不要追求那种千人一招、万人一式的模式化态势，每个人都有自己的特点，只要突出自己的特点并美化定型即可。

演说中最忌讳的肢体动作

> 并不是所有的肢体动作都对演说有好处，有些动作不能做

在交流过程中，55% 的信息是通过视觉传达的（身体语言，眼神接触），38% 的信息则是通过声音来体现的。演说固然需要手势的配合，但不适合的手势语，或用错了时间，也会给演说带来负面

效果。

今天，我们就来分享一些演说中错误的演说肢体语言，希望对大家有所帮助。

1. 逃避眼神接触

有些演说者，读 PPT 时，不敢面向听众，一心只盯着 PPT；有些演说者，一直盯着一旁、脚下或前面的桌子，从未看过听众肩膀以上的部位……这些都说明演说者缺乏自信心，感到紧张和准备不足。其实，演说的时候，完全可以直接看着听众。优秀的演说者都会花 80% ～ 90% 的时间来看听众的眼睛，而不会将多数时间用来看笔记、幻灯片或身前的桌子。

2. 没精打采，后仰或驼背

演说中，有些演说者会显得没精打采，有些演说者会做出后仰或驼背的姿势……这些姿势很容易跟自信心联系起来，听众会觉得自己缺少投入或对演说的主题没兴趣，对于没有权威的演说，对于没有信心的演说者，听众一般都是不会信服的。

演说时，为了让听众打心眼里认同你，就要抬头挺胸；站立时，要将脚打开，与肩保持同宽，将身体稍向前倾。这样，才能让演说者看起来更投入，更有热情；将肩膀略向前倾斜，会显得更有男子气概。因此，演说要想获得成功，就要将头与身体保持直立，不要靠在桌子或讲台上。

3. 坐立不安，使劲晃动

坐着演说时，如果演说者感到紧张，就会坐立不安；站着演说时，如果对内容不确定或措手不及，身体就会左右晃动。这样做，会让听众对你产生质疑，一定要避免这些动作。

如果你是一家计算机公司的高级业务主管，要向投资者介绍新产品的信息，一旦做出类似的身体语言，就会传递给投资者其他暗示；做简报时，前后摇晃，听众就会觉得你缺乏能力与控制力。最终，只会导致谈判的失败。

4. 跟听众之间有阻碍

如果演说者和听众之间隔着其他物体，就会阻碍彼此之间的直接交流。比如，演说者双手交叉，站在讲台或椅子后，从屏幕后进行演说，都会阻碍真正的沟通与交流。即使是一个放在桌上的文件夹，也可能阻碍交流。因此，要想提高演说效果，就要让自己全部“开放”，将自己的双手打开、手掌向上，消除你和听众之间的壁垒。

5. 把手放在口袋中

演说中，将手拘谨地放在身体两侧或塞进口袋里，不管是有意的还是无意的，都会让人觉得提不起兴趣，不想参与或紧张。要想解决这个问题，就要将手从口袋里拿出来，做点有决心的、果断的手势。比如，将两手放在高于腰部的位置。该手势比较简单，但反映了复杂的思想，能够给听众以信心。

6. 站着、坐着不动

演说者在台上演说时一动不动，从头到尾都站在同一个地方，这样的演说就是死板的、紧张的、沉闷的、没有魅力的。为了激活自己的身体，就要来回走动走动，甚至配合着演说内容，可以做一些肢体动作。一定要记住，听众都愿意让演说者动起来，尤其是在进行互动游戏的时候；移动不仅是可接受的，还是受欢迎的。

7. 虚假动作太多

演说中，虽然需要使用手势，但不能过度。研究表明，手势反映了复杂的思想，听众一般都能从手势中察觉到演说者的信心、能力与控制力。一旦试图模仿某个手势，就可能被认为做作；同样，虚假动作太多，也会让听众觉得你不真实、不自信、不值得信服。因此，要想提高演说效果，就不能做太多的虚假动作。

第七章 美好的声音更富吸引力

告诉自己：

我喜欢我的声音

热爱我的声音

我的声音超有磁性

别张嘴就来，先把字咬清楚再说

咬字不清，听众就会听不明白，
即使演说主题或内容不错，
也会直接导致演说的失败。

演说是靠有声语言来表达思想感情的，更是靠声音来与听众进行交流的，演说者声音含混不清，就无法准确地传情达意。因此，演说时要想让声音集中、清晰，要想让听众听明白，首先就要重视舌唇的作用。

在口腔的活动中，舌头的影响最大，在汉语普通话的所有音节中，除了辅音的唇音外，全要依赖于舌头的积极活动。舌头弹动力强，声音就会发得清晰；舌头软绵无力，缺乏阻气力度，声音就会模糊。可见，声音的清晰与否与舌头的活动状态有着密切联系。

我国著名播音员夏青的声音浑厚、质朴、别具一格；与之齐名的葛兰的声音则亲切、悦耳、独树一帜。几十年来，他们两的声音都通过先进的传播手段，家喻户晓、响彻四方。

当然，播音是一门语言艺术，播音员是生活中说话的佼佼者，但这并不是说演说就能含糊不清。事实证明，声音悦耳、吐字清晰永远是演说的客观要求。据资料显示，平均每人每天用于说话的时间为1小时，一生中用于说话的时间一共有两年半左右，甚至更长。将这些话记录下来，可以编辑很多本(每部400页)巨著。

演说是人的一大本能，更是一种极为重要的人类活动。在通常的演说环境下，演说者的音色、音量和音域，对演说效果的影响都不是很大，只有发音吐字在演说中是异常重要的。

那么，怎样才能发音准确、吐字清晰呢？笔者认为，首先要了解言语产生的过程。言语是日常生活中必不可少的一种工具，在人们日常使用实践中，已经发展成一种极为有效的表情达意的手段。

言语的形成过程很复杂，简单地张张嘴、动动舌头，并不能将问题解决，只有熟悉发音器官的构造、活动和作用，才能掌握正确的发音方法，做到吐字清晰。

人类没有单独用作发音的器官，发音源于呼吸器官和消化器官的多方作用。这些器官原本并不能产生言语，只能完成维持生命的动作，最后才发展到说话。肺、气管、喉(包括声带)、咽、鼻和口等发音器官，形成了一条形状复杂的管道，能够发出不同的语音，多数言语声波都是通过这个机制产生出来的。

要想让自己的演说吸引人，不仅要了解和熟悉言语产生的过程，还要改正发音和吐字不清晰等不良习惯。只有将每个字词拼读准确，演说才能正常进行下去，否则就会引发歧义和误解。例如：

一位农民到城市里去办事，想住旅馆，问路人：“兄弟，哪里有雷管？”

路人听了，射出警惕的目光，大声说：“雷管是国家禁止私人买卖的爆炸品，要它干什么？”

农民再三解释，最后路人才知道，原来对方发音不准，将“旅馆”说成了“雷管”。

这种因发音不同而造成的窘境，生活中时有发生。

通常，双方面对面说话，借助手势、表情等辅助手段，听众似乎还能判断出点意思来；如果彼此距离较远，发音不准，吐字不清，就容易产生误差，影响听众的理解。

一、正确发音吐字的途径

发音吐字的不良主要表现：鼻音，音色暗淡、枯涩，听起来像感冒声，从鼻中发出的堵塞声；喉音，将声音闷在喉咙里，生硬，沉重，弹性差；捏挤，单薄，发扁，声音如同从口腔中挤出来一样；虚声，小声小气，换气时会带有一种明显的呼气声……正确的发音应该是圆润动听、清晰悦耳的。

如何才能练得清晰的发音呢？主要方法：学习一点语言学的常识；养成勤查字典、随时正音的良好习惯；广泛从社会信息中寻求帮助，利用看电视、电影、听广播等进行有意识的听辨，矫正自己在发音吐字方面的毛病。

二、进行发音吐字的训练

发音吐字的训练，对于任何一个演说者来说，都异常重要，也不可或缺。具体的训练包括以下几个方面。

1. 发音器官训练

比如，口腔开合练习、唇的圆展练习、舌的前伸后缩练习、舌尖练习等，灵活控制发音器官的各种活动，发出的声音才能更准确、更清楚。

2. 声母、韵母等练习

进行声母训练时，要严格掌握正确的发音部位和发音方法，找准着力点，使发出的音有弹力；进行韵母训练时，要严格控制口腔的开合、唇形的圆展和舌位的前后。

3. 正音练习

按照普通话的语音标准，矫正自己的方音、难点音，如平翘舌练习 (z-zh，c-ch，s-sh)、鼻音和边音练习 (n-l)、前后鼻韵母 (n-ng) 及声调练习等。

4. 重视声音的优美动听

为了让自己的声音变得优美动听，要进行共鸣训练，合理控制胸、口、鼻等三个共鸣器官，使发出的声音圆润悦耳，使人听后感到心旷神怡。

停顿不是“嗯”“啊”“哎”

演说需要停顿，但不是语气词的“嗯”“啊”“哎”……

演说中的停顿，既是换气时的生理需要，也是一种标点符号，还是演说者情感表达的工具。

停顿是演说中不可缺少的技巧，尤其是初学演说者，更需要掌握停顿的方法。但这里的停顿，并不是简单地“嗯”“啊”“哎”，主要分为以下四种。

1. 语法停顿

演说时，有人曾说过这样一段话。

难道，他们不想将母亲从敌人手里救出来，把母亲也装扮起来，成为世界上最出色（停顿）、最美丽（停顿）、最令人尊敬的母亲吗?

这里，“最出色、最美丽、最令人尊敬”，一共用了两个“、”，顿号的使用，让母亲的形象变得高大起来。这就是典型的语法停顿。

通常，句号、问号、感叹号停顿的时间稍长；逗号、顿号停顿的时间较短；句与句之间的停顿比较长，段与段之间的停顿更长；成分复杂的长句，通常会在主语之后略作停顿。如果整个句子只有一个修饰词，就可以不停顿；如果修饰词比较多，离中心词比较远，就可以做停顿；同时，连着中心词的地方，可以不停顿。

2. 回味停顿

所谓回味停顿就是，在句尾或段末所做的特意停顿，能够给听众留下思考和体会的空间。例如：

朋友，如果让你选择一个自己最喜欢的词，你会选择哪一个？你可能会选择“幸福”，也可能会选择“生活”或是“爱”……（停顿）如果让我来选择，我一定会选择“责任”。

在多项“选择”之后，出现了“……”，做个较大的停顿，再说出“责任”，更能引起听众的注意，增强演说的互动，调动听众的情绪，让听众回味无穷。

3. 感情停顿

感情停顿，是依据演说者的心理和情绪所做的一种特别停顿，为了渲染某种思想情绪，有意识地、突然地做停顿处理。例如：

秋风里，你们举起了挥别的右手，凤凰花下，请允许我们再道一声（停顿）：“辛苦了，老师们，祝你们一路顺风！”

在这段演说中，演说者在“再道一声”之后停顿一下，将最后的问候语和祝愿语强调出来，把演说的情感推向了高潮。

4. 逻辑停顿

为了显示语义，突出停顿前后的词语而不受标点约束，就可以使用这样的停顿。例如：

我们不怕死，我们有牺牲精神！（停顿）我们随时会像李先生一样，前脚跨出大门，后脚就不准备再跨进大门！

这里，前两句是原因，后一句是结果。在表达这种因果关系时，演说者做了一个较大的停顿，凸显了语言强度。

语气要随着内容的发展而变化

不同的演说内容需要使用不同的语气，千篇一律的语气只能令人乏味

在演说过程中，语气要随着演说内容的变化而变化，在表示某种感情基调的同时，又出现其他感情色彩，就会生成语气的交错和重叠。下面是闻一多先生著名的《最后一次的讲演》。

这几天，大家知道，昆明发生了历史上最卑劣、最无耻的事情！李先生究竟犯了什么罪，竟遭此毒手？他只不过用笔写写文章，用嘴说说话，而他所写的、所说的，无非都是一个没有失掉良心的中国人的话！大家都有一枝笔，有一张嘴，有什么理由拿出来讲啊！有事实拿出来说啊！（声音激动）为什么要打要杀，为何要偷偷摸摸地暗杀？（鼓掌）这成什么话？（鼓掌）

今天，这里有没有特务？你站出来！是好汉的站出来！你说，凭什么要杀死李先生？（厉声，热烈鼓掌）杀死了人，又不敢承认，还要诬蔑人，说什么“桃色事件”，说什么共产党杀共产党，无耻啊！（热烈的鼓掌）这是某集团的无耻，恰是李先生的光荣！李先生在昆明

被暗杀，是李先生留给昆明的光荣！也是昆明人的光荣！（鼓掌）

去年“一二·一”昆明青年学生为了反对内战，遭受屠杀，是青年的一代献出的宝贵生命！如今，为了争取民主和平，李先生遭受反动派的暗杀！两桩事发生在昆明，这算是昆明无限的光荣！（热烈的鼓掌）

……

你们杀死一个李公朴，会有千百万个李公朴站起来！你们将失去千百万的人民！你们看着我们人少，没有力量？告诉你们，我们的力量大得很，强得很！看今天来的这些人都是我们的人，都是我们的力量！此外还有广大的市民！我们有这个信心：人民的力量是要胜利的，真理是永远存在的。历史上没有一个反人民的势力不被人民毁灭的！（热烈的鼓掌）……

李先生的血不会白流的！李先生赔上了这条性命，我们要换来一个代价。“一二·一”四烈士倒下了，年青的战士们的血换来了政治协商会议的召开；现在李先生倒下了，他的血要换取政协会议的重开！（热烈的鼓掌）

“一二·一”是昆明的光荣，是云南人民的光荣。云南有光荣的历史，远的如护国，这不用说了，近的如“一二·一”，都属于云南人民的。我们要发扬云南光荣的历史！（听众表示接受）

反动派挑拨离间，卑鄙无耻，你们看见联大走了，学生放暑假了，便以为我们没有力量了吗？特务们！你们看见今天到会的一千多青年，又握起手来了，我们昆明的青年决不会让你们这样蛮横下去的！

反动派，你看见一个倒下去，可也看得见千百个继起的！

正义是杀不完的，因为真理永远存在！（鼓掌）

……

这个演说的基调是愤怒、激越的，更渗透着对李先生及其家属的爱，以及人们对光明未来的期待和追求。品读这段文字，我们似乎还能感受到演说者当时的激情澎湃，能够感受到群众的义愤填膺。而事实也证明，这篇演说确实起到了鼓舞人心的力量。

每个人的嗓音天生都不一样，或深沉宏亮，或尖细高扬，或声如软玉，或鼻音浓重。无论声音禀质如何，都是世界上独一无二的，都会直接影响演说的过程和效果。随着内容的变化，将各种语气交错进行，分清主次，处理好重叠和过渡，才能让语气更好地为内容服务。

演说，最容易出现的问题就是语气单调、呆板，为了让演说变得生动起来，就要遵守以下几个原则。

1. 语气有轻重

即使是随便一句话，也会出现重要字与次要字的分别。说到重要的字时，声音就会提高一些；说到不重要的字，声音就会放低一些。例如：

“今天，‘我’做了一件‘好’事。”

在这句话中，“我”和“好”是关键词，读的时候音调自然就要提高一些。

2. 速度有快慢

演说时，为了表达的需要，有时需要改变讲话的速度。这种自然而不自觉的行为，会营造一种巨大的声势，突出演说的中心和要点。比如，林肯总统当年就经常使用这种讲述法，一口气很快地讲出许多字。为了加重某个字句，他还会将声音特别拉长并提高，然后快速地将那句话讲完。

如何采用这种方法呢？首先，漫不经心地说出一个数字，如“3 000 万元。”然后，放慢速度，好像惊讶地发现了一个可观的数字，说：“3……万……元。”如此，听众可能就会觉得 3 万元比 3 000 万元大很多。

3. 声调有高低

为了吸引他人的注意力，平时随意阅读任何单字或短句时，就可以在个别地方特别提高或放低。每个成功的演说家都是这么做的。下面有段话，如果将引号里的字放低了读，结果会如何？

“所有坚韧不拔的努力迟早‘会取得报酬的’。一个人就好像是一个‘分数’，他的实际才能好比‘分子’，而他对自己的评价好比‘分母’，分母越大，分数值就‘越小’！才能一旦被懒惰支配，它就‘一无可为’。”

4. 重要词句前后略停顿

演说时，为了提高演说效果，完全可以将停顿充分利用起来。讲到一个重要语义时，为了让它深深地印在听众心上，就可以将身子向前略倾，两眼直望听众，长时间不发一言。这种突然的沉静，跟突然的一声巨响有着同样的效果，都能引起听众的注意，使人们对后面的内容充满期待。

演说时，为了增强说服效果，就要在重要字句的前后稍作停顿，甚至在一句话的中间作停顿。

控制好演说的速度

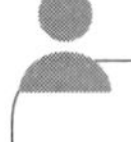

演说，速度太快或太慢，都会导致失败。

在整个演说过程中，只管语气轻重，忽略了语速，一篇演说全是一个语速，就会影响最终的演说效果。

忽视了速度，演说的效果就会差很多。优秀的演说者都会根据演说内容来调整语速。演说者的语速应该是，该快则快，该慢则慢，灵活控制。

1. 语速有变化，不能一个味

演说的时候，语速要富于变化，例如：

（1）不要通篇一个“味”。演说内容或主题本来都不错，可是演说者的整个过程却几乎都是一个“味”，语速不紧不慢，这样的演说听起来，不像是演说，倒像是读文章。为了打动听众，不仅要重视语气，更要根据具体内容来调整语速，该快则快，该慢则慢。

（2）不能没有情感的起伏。演说者故作镇定，通篇都是一个语速，毫无特色，也无法引起听众的兴趣。因此，演说时要适当地表现一些演说者的心理状况。人与人之间都是相通的，心与心也是相诚的，只要能打动人心，就能为演说添色。

（3）语速不能该慢不慢。事实告诉我们，一个人在绝望时、在思念亲人时，心里的诉说就要慢很多。演说中遇到类似的情形，表达感情时，语速就可以降下来。情感的表达要自然而真切，听众才能身临其境、感同身受。

2. 演说内容决定语速

要根据不同的演说内容来选择不同的语速，例如：

（1）讲述热情、紧急、赞美、兴奋等内容时，或叙述无法控制的感情及进入精神高潮时，就要快一些。

（2）表达一些平板、悲伤、庄重、劝慰等内容时，讲述需要听众特别注意的事情时，讲述数字、人名、地名或容易引起疑问的内容时，为了让听众听清、记忆和思考，就要将语速放慢一些。

3. 听众对象决定语速

面对的听众不同，使用的语速也要有所区别，例如：

（1）如果听众是同龄人，他们们精力充沛，反应灵敏，语速可以快一些。

（2）如果听众是小朋友、老年人，他们接受事物的速度较慢，反应更慢，可以将音节的时值拉长，语流中间的停顿可以久一点，停顿次数也要多一些。

4. 依场地情况决定语速

不同的演说场合，要使用不同的语速，例如：

（1）在场地较大的地方演说，速度可以放慢一点；在场合较小的地方演说，语速可以快一点。

（2）听众情绪受到干扰时，语速要慢一点；情绪旺盛的时候，语速要快一点。

口头禅是“病”，要及时“治”

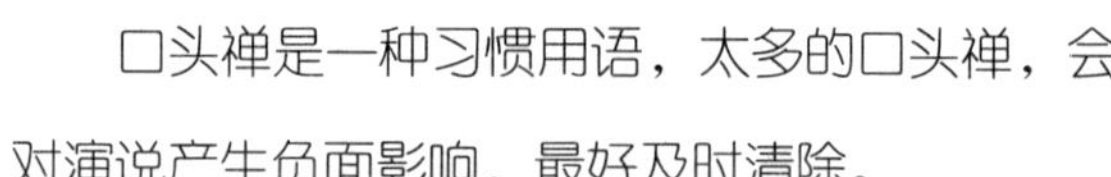

演说中，如果语言中总是出现“是不是”“对不对”“这个”“那个”“嗯”“啊”等口头禅，怎么办？这样的口头禅，就像白米饭中的砂粒，无法下咽。

对于口头禅，相信演说者都不愿意出现，因为时间长了，就会形成一种习惯性动作。这种习惯性动作或语言，自己往往很难留意到，但听众却会清晰地感受到。

口头禅不仅能折射出演说的内心状态，还会让听众对你产生不信任感，听多了还容易让人产生疲劳，导致精神不集中，不利于演说效果的提高。那么，如何改掉口头禅呢？

1. 向榜样学习

喜欢说口头禅的人，演说一般都不够简练，为了锻炼，可以以一些说话规范的广播员为榜样，向他们学习。平时听广播、看电影时，可以边听边轻声跟着说。时间长了，就会惊喜地发现，自己的口语精练了、口头禅少了，不仅普通话水平提高了，演说效果也更强了。

2. 多默讲几遍

出现口头禅的原因，有时候是对所说的话不熟悉，讲了上句，下句出现迟疑。这时，为了得到思考空间，有些演说者就会说些口头禅。因此，为了减少口头禅的出现，演说前就要先默讲几遍，熟悉内容和措词。

3. 将语速放慢

为了克服口头语，就要提醒自己，少说已经习惯的口头禅，讲话尽量放慢速度，养成从容不迫的说话习惯。克服掉口头禅后，再根据不同的表达需要，适当加快语速。

4. 跟他人反馈

为了减少口头禅，可以让朋友在不注意的时候将你做过的演说录下来。你只要认真听几次，就会对自己说出的口头禅深恶痛绝，以后演说时自然就会生出十分警惕，力戒口头禅。

第八章 不要独霸舞台，让现场动起来

演说的忌讳：

没有主题

互动太少

如何通过提问，增加现场互动

记住：问题就是答案

对于任何一场演说来说，演说者和听众永远都是“秤不离砣、砣不离秤”的关系。

演说者是信息和观点的传播者，而听众则是信息的接受者。一个演说高手，首先应该是一位心思细腻之人，要善于洞悉听众心理，知道如何去表达自己的思想和观点。

出色的演说家往往用一句话就能说到听众的心坎里，因此演说者要清楚地认识到：要想让听众接受你的看法和观点，就要跟听众建立一种亲和关系，通过循序渐进的方式去引导听众，呼吁他们认同你的思想和价值观念。而在这个过程里，跟听众进行现场互动就是不可或缺的环节。

演说者只是滔滔不绝地谈论或叙述，将听众看成一面墙、一棵树，定然无法收到良好的效果。因为在演说中，听众虽然处于客体位置，但他们绝不是被动接受的收听器。演说是否成功，完全取决于听众主观能动的认知，取决于他们对演说者传播信息的接受程度。

与听众互动，还可以营造和烘托演说气氛。在比较轻松的演说活动中，可以在发言之前表明自己的态度：“我喜欢讲话随意一些，如果大家有什么问题，随时可以向我发问。”让听众相信，在接下来的时间里你会融入他们之中，并解答他们所疑惑的地方。

其实，演说者在融入听众之中的时候，也正是听众融入演说之中的过程。这种互动的方式，往往能取得不错的效果。从心理角度来讲，作为一名听众，一旦知道演说者愿意拿出时间来解答他们心中所想或所关心的问题，他们就会对这位演说者心存好感，就会对他更为尊重，因而会更加专心致志地听他的演说。

演说时向听众抛出一些问题，让听众回答，引出演说主题，继而阐述自己的观点和看法，不仅能营造活跃的现场气氛，还可以在情感上跟听众形成互动，最终产生不同的演说效果。因此，要想让听众心悦诚服地接受你的观点，就要时刻跟他们保持良好的现场互动，让听众将所有的注意力投入演说之中，让他们发自内心地进入演说情境，从而引发他们的共鸣。

1. 用“问”开头

以提问的形式来开场，不仅可以抓住听众的兴趣点，引起他们的好奇和注意，进而对后面的演说洗耳恭听；还能让演说显得干净利落、坦率直爽，给听众留下较好的印象。

复旦大学曾经举办过一次以“青年与祖国”为主题的演说比赛，一位演说者就是以提问的形式开场的：

“同学们，我问大家一个问题：对于青年与祖国的关系，如何以一个字来概括？”

台下的同学有的沉思冥想，有的抓耳挠腮，有的抬首望天，有的说出了自己的答案。

片刻之后，演说者给出了答案："我的回答是'根'！我们青年，以及所有的炎黄子孙都有一个共同的'母亲'那就是中华民族；我们都是中华民族的子孙，是我们共同的根！"话音方落，全场响起一片热烈的掌声。

一句简洁的话语，精辟地概括出了青年与祖国水乳交融的关系，演说以设疑的形式巧妙地吸引了听众的注意，给听众留下了深刻的印象。

2. 用"问"引起高潮

真正成功的演说也是一场思想和激情交汇的盛宴，不仅要求演说者有独特的思想和内涵，还要让听众感到激情澎湃、精神振奋，达到了这种效果，也就达到了演说的高潮。如何做到这一点呢？答案就是，用提问的形式来推波助澜，引导听众进入演说高潮。

在竞选村长的演说中，一位刚毕业的大学生说："乡亲们，大家都知道，我是一名孤儿，是在党的培养和乡亲们的热心关怀下长大的。如果当不好这个村长，不能将家乡建设得更美好，不能给乡亲们办点实事，我怎么对得起党的培养？又怎么对得起乡亲的养育之恩？又怎么对得起大家投给我的选票？在此，我恳请大家给我一个机会，为家乡的建设出把力，我一定不会辜负大家的期望！"

演说中，年轻人一连串的提问，犹如惊涛拍岸，气势雄浑，引人深思，听众也在他充满激情的话语中心潮澎湃、热情洋溢，全场响起一片雷鸣般的掌声，将气氛推向了最高潮，村民纷纷投出自己手中宝贵的一票，年轻人最终以最高票当上了村长。

3. 用“问”结束全篇

以提问互动的形式作为结语，是演说活动比较普遍的结束方式。如此，不仅可以对应主题，还能引发听众的深思，加深听众对演说的印象。

在一次校园演说比赛中，一位同学是这样结尾的：“亲爱的同学们，在演说即将结束的这一刻，我要说，只有懦夫才会对不义之举一再忍让。面对社会上的不义之徒，亲爱的同学们，你还会视若无睹吗？你还要袖手旁观吗？你到底要忍耐到何时？”

这位同学一连用了三个问句，表达了自己对不义之举的愤慨和不平，同时也是对听众的当头棒喝。即使演说结束了，听众仍然在思考着她提出的问题，达到了“言有尽而意无穷”的演说效果。

精彩的结束语，往往会给听众留下无穷的回味和遐思，提问互动法在演说中起着非常重要的作用，只要善于揣摩和运用，就能引起听众的注意，在情感和思想上与他们产生共鸣，从而让演说引人入胜。

让听众接话，达到现场互动的效果

演说，不是演说者一个人的舞台
需要让听众接着话题说下去
需要听众动起来

演说的时候，也可以通过让听众接话来达到现场互动的效果。这时候，演说者完全可以说一些通俗的句子，使听众立刻就能知道下面应该是什么；也可以说一些名言、名句，让听众来回答。

当然，要想让听众接受演说者的话，他们还需要进行引导，那么如何引导呢？在讲完上句的时候，可以将上句的尾字音拉长，并用手势、眼神示意听众来回答。如果听众没有收到示意，可以用语言引导"下面应该是什么呢？"但引导只是一个过程，如果你引导了，听众却没有回答，就不要再等听众讲了，要立刻用设问的形式，自己将答案说出来，在场上做到收放自如。例如：

我经常跟听众分析很多人演说不好的原因都是受中国传统文化影响太深，父母从小就教育我们："言多（引导听众说出'必失'），沉默（引导听众说出'是金'），枪打（引导听众说出'出头鸟'）……"

如此，就能立刻拉近与听众的距离，与听众打成一片。

很多演说之所以缺少影响力，就在于演说者总是无视听众的存在，要么看屏幕，要么盯着空中。他们不只是在台上独白，其实需要的是对话——双向交流。一旦演说者将演说变成对话，奇迹也就发生了。你微笑地向他们点头致意，他们也会报以点头微笑；只要他们参与进来，就能看出他们正在思考你所说的话。

此外，还有一种有效的提问方式。“最近，你们中有多少人遇到过难以对付的客户？”当演说者提出这个问题的时候，可以将自己的手举起来，相信听众也会跟着举手。演说者完全可以先提问题，然后等待回答：“去年，你认为有多少客户抱怨过我们的服务？”听众可能会说出各种数字，等他们说完，再告诉他们正确的数字。如果没人回答，演说者完全可以自己回答，以此来吸引他们的注意力。

1. 不要死在“PPT”上

能够破坏演说者形象的必杀技就是糟糕地使用PPT。大量地翻页，填充着文字，演说者站在那里一页一页地读下去。似乎在给听众唱催眠曲，催人入睡。这就是传说中的“死在PPT上”。

其实，完全可以避免这种现象的发生。只要好好设计一下PPT，把它们精简到最少页数，讲解精辟一些，完全可以在吸引听众参与的同时，给自己准备一个提词器，保证自己不走题。

要想成功做到这一点，只要掌握简单的技巧：读、转动、重复。具体步骤如下：（1）以45°角面向听众站立；（2）转身看看屏幕，注意下面一个观点（读）；（3）转身回去，面向听众（转动）；（4）陈述观点（重复），赋予生动的讲解。

既使用幻灯片，又使用备注页，是比较危险的，只能双重分散注意力。只选择其一，或者都不要用。如果确实喜欢使用备注，就要注意其中的备注是关键词、单个词或短语，以便能够迅速看一眼；不要写一大段文稿，否则很难看清楚，阅读备注的时间可能比花在与听众互动上的时间更多。

2. 组织好问答部分

成功地组织好问答部分，也很关键。因为这是人们记忆最深的一部分。洋洋洒洒地完成了演示，问答时却结结巴巴卡了壳，只能留下持久痛苦的回忆。演说虽然一般，但回答问题时光彩四溢，听众依然会信任你。所以，演说者要估计哪些问题可能被提到，并因此做好准备。有些人喜欢回答问题，因为这更像是真实的对话，更能得到听众的反馈；而有些演说者则讨厌这个环节，担心被问及很难回答的古怪问题。其实，只要准备充分，没什么好担心的。即使一时语塞，不知道如何作答，也不必羞怯，只要回去查一查，下次再告诉他们即可。所以，千万不要把演说当成一个人的独角戏，要全然释放自己，与观众进行深度对话。

3. 让听众感知你的热情

很多演说之所以没给人留下深刻的印象，就是因为演说者对自己所说的内容没有什么兴趣，好像仅仅是走过场罢了。有些人甚至还会时不时地叹口气，似乎感觉厌烦透顶了。要知道，听众不仅会关心你了解多少，更希望知道你有多关心这个话题。如果连演说者都不在乎，为什么要他们关心呢？记住，演说者关心，听众才会关注。热情，并不是在工作之外使用的，即使是对于最无聊的话题，也可以找些东西激发起你的热情。

4. 不要在途中失去了听众

一旦演说进程过半，演说者也就进入了危险区，开始有些精疲力竭，而听众也开始失去耐心。这时候，要利用手中掌握的各种武器，最大限度地提高演说效果。此外，确保你的声音能控制住整个房间——变得很安静或单调，只会将听众弄得昏昏欲睡。同时，还要变换你的语速、语调和节奏，用停顿来表示强调；调动你的肢体语言，有效地使用手势，想办法保持他们的注意力。

让听众参与到活动中来

问问自己：

演说时如何把握住全场

让观众跟着你的演说思路走

要想让现场活跃起来，就要引导听众参与进来，多举办一些活动，调节现场气氛。

一、引导听众参与

如何让听众参与呢？首先，自愿原则，让听众自愿参加；其次，在自愿达不到规定人数的时候可以邀请、鼓励一些犹豫不决的人积极参加；最后，人还不够只好下杀手锏了——点名，选择那些比较活跃的分子，他们一旦被点中了，一般都会站出来的。活动既然开始了就一定要进行下去，否则就会影响整场演说的效果。

演说者在演说时，如果能够让听众朋友们参与其中，同自己形成台上、台下互动，上下呼应的局面，那么演说的效果就必定不错。那么，该如何在演说中让听众朋友与自己的演说互动起来呢?

二、演说中的活动参与

演说时，如何通过活动与听众互动?具体方式有以下几种。

1. 倾听回答，不要打断

在与听众互动的过程中，沉默寡言的听众一旦说话，就不要轻易打断。如果听众语言表达欠缺，内心就会感到紧张，希望快点结束问答，演说者的打断类似于“救助”行为，听众就会停止发言，而用“是”或者“不是”来回答讲者的提问，减弱现场互动氛围。

正确的做法应该是在听众表达观点时，利用积极反馈的方法对待听众；当听众断断续续地回答时，用肢体语言进行鼓励和认可，如赞许式点头、赞扬式微笑、注视对方的眼睛、展示认真有兴趣的表情等。听众完整地表达结束后，要对他们的回答细节进行认可和表扬，鼓舞听众互动。

2. 用动作手势，制造悬念

听众注意力分散时，演说者要随机应变，临场发挥，巧妙地运用手势和动作来制造悬念，激起听众的喜怒情绪来，然后急转直下，分别作出有利于听众的解说，使大家转怒为喜，皆大欢喜，集中精力倾听演说。当然，要想达到预期的效果，激发听众情绪互动的时候，也要注意分寸，关键是要以新颖巧妙的方式引发听众与你互动，并见好就收，引入正题；否则，无异于缘木求鱼，只能达到南辕北辙的效果。

3. 抛出主题，引发议论

俗话说的好：“只要诱饵合适，难上钩的鱼也会上钩”。当演说者在论述新任部门经理如何管理团队的话题时，可以先抛出一个让人困惑的话题，如“部门经理可不可以与下属交朋友呢？”之后，进行一些模拟活动，让听众参与进来，引发大家思考部门经理的角色定位。当大家在争论中相持不下时，演说者可以引出部门经理处理私人情感与工作关系的原则和注意事项等话题。

4. 先讲故事，提出问题

（1）以故事开场，就能激发听众的兴趣，将注意力集中到演说者的演说内容上；（2）故事讲完后提出问题，让听众讨论，引起听众参与的兴趣；（3）欢迎听众“唱反调”，让听众“唱对台戏”，激活听众的思想，时刻“跟踪”演说的思路，让听众认真地倾听演说；（4）随时上问下答，遥相呼应，引起“呼应式”互动。

5. 做些游戏，激发兴趣

演说者以游戏的方式和听众形成模仿式互动，既能激活听众的好奇心，又能巧妙地增强听众的参与意识，还可以集中听众的注意力。模仿式互动能够让听众容易地跟随演说者的思路走，但也动作不能太复杂，以免听众学得走样；动作幅度不能太大，以免引起全场的混乱，出现无法收拾的“烂摊子”。

6. 一边赞扬，一边提问

从心理学角度来说，人类在精神需求方面，认可和赞扬都是重要的基础需求，无论性格外向还是内向，听到赞美的话后，内心都会感到很愉悦，继而产生交流的冲动。因此，当演说者在讲述专业性很强的内容时，开展的互动活动可以先易后难，先引人入胜，再由浅入深。

问一些“是不是”“对不对”“好不好”

演说的时候，有些演说者喜欢提问。例如，“你们是喜欢早上写作业，还是晚上写作业？”这时候，答案可能就是“早上写作业”“晚上写作业”，答案参差不齐。

其实，完全可以换种方式：“你们是喜欢早上写作业，还是晚上写作业？请回答我，‘前者’还是‘后者’？”如此，现场就只能出现两种答案，根据声音的多少，演说者就能分辨出大家的回答情况。

同样，还可以提出“对，不对”“喜欢，不喜欢”“要，不要”……以此类推，举一反三。

为什么要这样提问呢？因为，参加过考试的人都知道，选择题最好回答，无论正确与否都有答案，而主观题就不容易回答了，只能空白地放在那里。

如果演说者问听众：“你们是中国人，还是外国人？”有人可能会回答中国人，有人可能不会回答，有人甚至还会觉得没必要回答。可是，如果问大家，是不是中国人？听众肯定会脱口而出“是”。

听众，举起手来

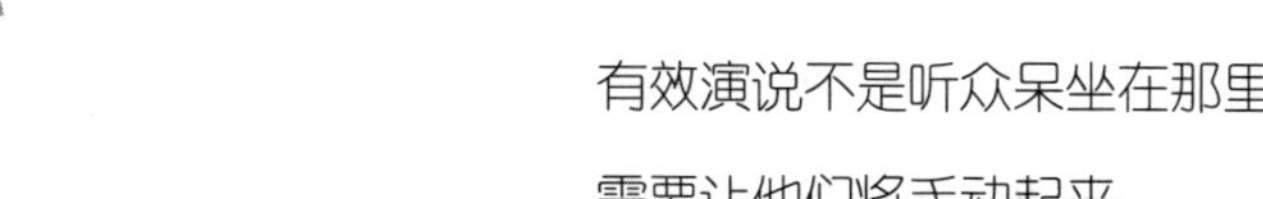

有过演说经历的人都知道，在演说中让别人举手很不容易，尤其是对于我们一向含蓄的中国人来说更是如此。例如：

演说开始时，我先做个调查：“希望提升沟通表达能力的人请举手，让我确认一下。”

结果发现，听众中举手的人很少，甚至没有，有的还在犹豫中，为什么？

中国人的思想就是这样，喜欢等，喜欢看，看有人举手之后再举，殊不知，这样会影响现场的互动气氛和效果。该如何解决呢？让听众举手之前，可以先给他们做一个示范带动，看到你举手了，他们自然就会将手举起来。

1. 问情况

例 1：今天想要收获更多朋友的，请举手认识一下！

例 2：今天想要认识更多好朋友的，请举手认识一下！

例 3：今天想要找到更多获得财富方法的朋友的，请举手认识一下！

例 4：今天想要生活得更加美好的朋友，请举手认识一下！

2. 问继续

例 1：接下来，我将用 10 分钟的时间跟大家分享一下我在过去三年中总结的一套快速克服演说临场紧张的绝招，想要我继续的请举手。

例 2：对下面一个主题感兴趣的朋友请举手认识一下！

3. 问认同

问认同，即说出一个观点，邀请同意这个观点的人举手。

例 1：今天现场认识到好朋友的，请举手！

例 2：决定要练好口才、学好演说的朋友，请举手！

例 3：今天来到现场，听完演说后收获很大的朋友，请举手认识一下！

开展小游戏，让台上台下动起来

开展游戏也是演说时互动的一个重要环节，能够充分调动听众的积极性，让听众参与到演说中，更好地理解演说。

一位演说者一上台就问："朋友们一起来做个游戏好不好？"听众兴趣大增。

演说者开始指导听众操作："请将左右手腕到手掌边缘的横纹相叠对齐，然后左右手掌重合，再看右手比左手的中指是否要长一点点？"指导听众操作，接着自己又开始示范，形成了模仿式互动。结果，大家果然发现右手比左手中指要长点，激发起了听众的好奇心。

演说者又说："刚才这个游戏是一位大气功师的表演，先装模作样地向听众发气，然后指导听众做刚才的游戏。结果，每个人都发现自己右手指长了一点。气功师说是他发功的结果，大家深信不疑，当时连我也被愚弄了，朋友们！我可没有愚弄大家的意思啊！"

听众大笑之后，演说者进入正题："我今天演说的题目是《相信科学，不受愚弄》。"然后，演说者开始进入演说，取得了理想的效果。

演说者用游戏的方式跟听众形成模仿式互动，既能激发听众的好奇心，又能巧妙地增强听众的参与意识，还可以集中听众的注意力。同时，一旦听众全神贯注地参与到互动活动中，当演说者亮出与互动相关的主题时，前面的互动与后面的主题就会相互辉映，听众自然会对后面的演说产生更大的兴趣，更加认真地倾听。

游戏式互动，可以让听众轻易地跟随演说者的思路走，但动作不能太复杂；动作幅度也不能太大，以免引起全场混乱。

第九章 提高说服力，小嘴也能动

演说的忌讳：

客户学不到知识

不要瞎编乱造

以情感人，句句带着情商

问问自己：演说，我要给大家什么样的触动？

感情在认知活动中的作用有时很大，可以敞开理性的大门，从积极方向来理解演说内容，也可以关闭理性的大门，或抗拒性地、消极地对待演说内容。

人是一种情感类物种，在演说过程中，听众的注意力、理解力和记忆选择性，很大程度上都是由感情决定的。林语堂曾说："对于我们来说，一个观点在逻辑上正确还远远不够，必须同时合乎人情。"一段演说，无论内容如何丰富，语言如何准确、清楚、简洁、明了，缺乏情感，都很难打动听众。

事实证明，只有演说中注入演说者自己的感情，才能达到以情动人的效果。演说者充沛的感情可以通过他的肢体动作、面部表情、语调高低、口气轻重、语速快慢等表现出来，那么应该如何有感情地演说呢？情感的表达不仅依赖于语意，更依赖于语音。因此，优秀的演说家在遣词用语的时候，总会字斟句酌，选用那些适合表现思想内容、蕴含着炽烈情感的语言，并用带有强烈感情色彩的语言来叩动听众的心扉，引起共鸣。

林肯是一位著名的超级演说家，他的讲演《葛底斯堡演说》，不足300字，却被世人所称赞。原因有两个。一是语言简短；二是注入了自己的情感。下面，让我们来重温一下林肯的这篇演说词：

八十七年前，我们的祖先在大陆上创造了一个新国家，她在自由之中成长，并为“人人生而平等”的主张而献身。如今我们已经进行了一场伟大的内战，考验着这个如此成长和献身的国家能否长存于世。

我们聚集在战场上，奉献出战场的一部分土地，用来安置为国家生存而捐躯的人。这是必须的、正常的，也是我们应该做的。

世人不会注意也不会太长久地记住我们此刻所说的话，但永远都不会忘记他们在这里所做的一切。面对这些为国家奋斗牺牲的人，我们更应该发挥自己的爱国热忱，绝不能让这些爱国者白白牺牲，要祈求我们国家在上帝保护之下获得更新更大的自由。

只要树立起民有、民治、民享的理想政治，我们的国家就不会从地球上灭亡。

整篇演说只用了五分钟时间，却给听众留下了深刻的印象。这段简短的演说词之所以激发人心、具有强烈的感染力，主要有三方面的原因：首先，林肯是站在听众的立场上说话的，使用了很多“我们”，用自己的切身体会来表明对人民的关心和爱护；其次，语言真诚朴实，句句发自肺腑，道理虽然简单，却能让听众产生如饮甘泉的畅快感觉；再次，林肯将听众当上帝，通过语言的力量，将人民团结在一起，为美国的解放而斗争。总之，林肯把感情投到演说的主题和内容上，适当地通过有声语言把感情表现出来，产生了心理共鸣，达到了预期的交流、鼓动和说服的目的。

俗话说“晓之以理，动之以情”，成功的演说不仅能把道理说清楚，使听众信服，还能以自己真挚的感情感染听众，引起听众的共鸣，使听众心悦诚服地接受演说者的思想感情。演说中，声音带有强烈的感情色彩，演说也会变得更加形象生动，更富有艺术感染力和表现力。那么，如何让演说的声音具有感情色彩呢？

1. 以典型人物为“动情点”

在演说中，不要空泛地“煽情”，表达情感，最好有所依托。以现实生活中的典型人物为动情点，由人及情，可以有效地唤起听众的情感共鸣。例如，下面这段演说：

贵州省乡村民办教师陆永康出生九个月，就得了小儿麻痹症，致使双腿终生残疾。二十岁时，他便开始了跪着授课的教书生涯。陆永康的事迹感动了中国，著名相声演员侯耀华在给他颁发“三农人物”奉献奖时，“咚”地直接跪地，说：“当我知道要给您颁奖的时候，我只想到一件事，您跪着讲了36年的课，今天就应该给您跪。”

侯耀华的这一跪，代表了所有人对默默无闻、甘心奉献的老师的深深敬意和谢意。

这里，演说者以跪着授课36年的乡村民办教师陆永康为“动情点”，以著名相声演员侯耀华给他颁奖时令人动容的一跪来“煽情”，触动了听众的心弦，感人至深，激发了听众心中的崇高感，唤起了听众的情感共鸣。

2. 以典型事件为“动情点”

在演说中，把浓郁的情感寓于典型事例的叙述中，以典型事例为“动情点”，由事及情，融情于事，使演说者要表达的情感有所依附，让听众更容易感知，更容易唤起听众的情感共鸣。

例如，一位演说者声情并茂地讲道：

只要登上昆明开往成都的列车，往西北方向行驶200多公里，就会路过一个叫龙川峡谷的地方。列车穿过1 500多米的隧道，眼前便会呈现出一座平均高30米、长2 400多米、用37根擎天大柱撑起来的铁路大桥。这座大桥横跨峡谷两侧的群山，连通了千里“成昆线”，叫作“龙骨甸大桥”。

为了修建这座大桥，当初共有16名铁道兵战士被埋在塌方的隧道中。浇铸第17号桥墩时，年仅19岁的铁道兵战士不慎摔入了30多米深的桥墩框里。可是，他的遗体无法取出，在一位将军的主持下，全师官兵围在桥墩旁，向这位战友敬了最后一个军礼，然后用水泥将他和大桥紧紧地浇铸在一起。

这里，演说者以让人惊心动魄、感人肺腑的典型事例为“动情点”，通过饱含感情的叙述，深深地打动了听众，唤起了听众的情感共鸣，使听众闻之动容，灵魂得以净化，思想得到升华。

3. 以典型情景为“动情点”

演说中，有些演说者会对某些有助于突出主题的典型情景进行铺陈渲染，并由景及情，情景交融，唤起听众的情感共鸣，引导听众进入演说独特的艺术境界中，对演说主题产生深刻的印象。

例如，下面这段演说的开场白：

飞机飞到西安上空时，看到我们的老祖先——中华民族发源的沃野秦川，看到我们祖先在这里创造华夏文明的美丽土地，内心感到非常激动和感慨。众所周知，海峡两岸虽然只有一百多千米，但要想跨越这样的鸿沟，却要花费50多年的时间，我的内心会不激动吗？看到可爱的同胞热切地欢迎来自台湾的炎黄子孙，我不禁也要说一句：大家都是炎黄子孙！

这里，演说者以飞机飞到西安上空时看到的沃野秦川为演说的“动情点”，诉说了自己五十年来的一片深情，抒发了无限感慨，道出了炎黄子孙“血浓于水”的骨肉亲情，做到了由景及情、情景交融、情理相生，唤起了听众的情感共鸣，也很好地升华了主题。

4. 以典型物品为“动情点”

在演说中，有些演说者会用某些典型物品作为表达情感的契机，由物及情，托物言情，较好地唤起听众的情感共鸣。例如，下面这段演说中，演说者就以一个典型物品开场：

“今天，我给大家带来一个礼物。”说着，演说者举起一个小铜盒，指着说：“这个小盒子我已经珍藏了五年，它不仅让我改变了命运，更让我明白了自己肩上的重担。你们一定想知道里面装的是什么吧？现在，我就打开让大家看一看。”

演说者从小铜盒中拿出一副条幅，上面用血书写着“拼搏到底”四个刚劲的大字。接着，他说：“当年我和我的战友们在铺青藏公路时，为了表决心用鲜血书写了这样的誓言‘拼搏到底’，体现了战士们的钢铁意志，见证了战士们在茫茫雪域高原上奋力拼搏的战斗豪情。它像一面战旗，永远飘扬在我们的心中。下面，我就来讲一个与它有关的真实的故事……”

这里，演说者以“小铜盒”这个典型物品为“动情点”，由物及情，淋漓尽致地抒发了战士们为了铺好青藏公路，在雪域高原上奋力拼搏的战斗豪情：鲜血写成的誓言，感天动地的壮举，定然能让现场听众为之动容。

引经据典，让说服更有穿透力

问问自己：通过这场演说，要让听众学到什么内容？

古人说：“运用之妙，存乎一心！”将古人名家经典语录在演说中运用到位，不仅能增加演说色彩，更能让观众回味无穷。演说时，为了让演说显得生动和形象，演说者就要适当引用一些名家经典语录，展现出个人的魅力。

1. 引用名言

在演说中适当引用名言，可以起到增强说服力的效果；同时，多数名言都精粹凝练、寓意深刻，运用在演说中，可以起到画龙点睛的作用。下面这段演说，末尾就引用了名言：

易卜生说："你的最大责任是把自己这块材料铸造成器。"学问是铸器的工具，抛弃了学问，也就毁了自己。再会了！你们的母校要眼睁睁地看你们十年之后能成什么器。

演说结尾，引用了易卜生的名言。这句名言引用的恰到好处：内容已经阐述完毕，打算收尾，借名言为自己总结。在当时学生的心中，易卜生是大名人。名言一出，听者为之一振，演说者也就顺理成章地谈出了自己的结论——学问是铸器的工具，抛弃了学问，也就毁了自己。

2. 引用故事

为了让演说更生动形象，更加引人入胜，演说者可以在演说中插入与主题相关的故事。著名企业家罗伯特在做关于"创新"的演说时，曾引用过一个经典故事。

让我们看看创新到底是什么？19世纪末20世纪初，德国有位著名的化学家名叫拜耳。一天早上，拜耳走进实验室，发现助手搭建了一个很有创意的由水力涡轮带动的机械设备。拜耳立刻就被这个复杂的机器吸引了，甚至还将妻子从隔壁的房间叫过来，与他一同欣赏。妻子进来后，静静地看了机器很久，然后佩服地说："用它来做蛋黄酱简直是太妙了！"这里有个基本区别需要说明：拜耳的助手是发明者，其妻子却是创新者。

"创新"一词很多人都听过，但解释起来却非常困难。借助拜耳的故事，演说者虽然没有从正面下定义，但听众却对"创新"一词有了更形象的了解，同时也使这次演说意趣盎然。

3. 引用古诗文

在演说中引用古诗文，不仅可以使演说更加显得古色古香，展现演说者的文化底蕴，更能使演说气势磅礴、富有感召力。温家宝总理曾在哈佛大学做过题为《把目光投向中国》的演说，强调中华民族传统文化的博大精深时，说：

从孔夫子到孙中山，中华民族传统文化有它的许多珍贵品，许多人民性和民主性的好东西。比如，强调仁爱，强调群体，强调和而不同，强调天下为公。特别是“天下兴亡、匹夫有责”的爱国情操，“民为邦本”“民贵君轻”的民本思想和“己所不欲，勿施于人”的待人之道，“吃苦耐劳、勤俭持家、尊师重教”的传统美德，世代相传。

上文中，总理援引了“天下兴亡、匹夫有责”等古诗文，阐述中国传统文化中的爱国、民本等思想。其中，“天下”“民”“邦”“君”等词都是铿锵有力，富有凝聚力，极大地提高了演说的气势。这些古诗文，既体现了中华民族丰厚的文化底蕴，也增强了演说气势。

他山之石，可以攻玉！将自己平时积累的名言故事、诗词歌赋恰当地引入演说，不仅能展示自己渊博的学识，还能使演说锦上添花。只要进行恰到好处的引用，听众就能如饮纯酿，回味无穷。

富有哲理的演说，令人信服

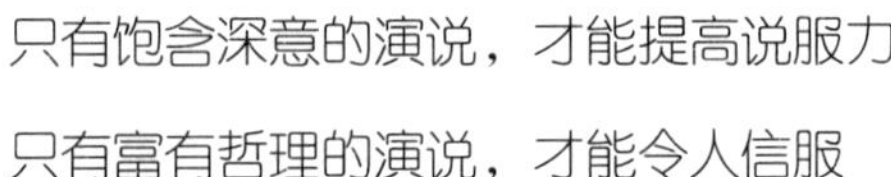

富含哲理的演说，既能让听者陷入思考，也能提高说服效果。

一位著名的企业家在给管理者做鼓动大会，有人问他如何才能成功？他在移动白板上画了一个圈，但没画圆满，还有一个缺口，问："这是什么？"

"零！"

"圈！"

"未完成的事业！"

"成功！"

台下议论纷纷，听众七嘴八舌地回答。

企业家笑了笑，说："其实，这只是一个未画完整的句号。如何才能取得辉煌的业绩？答案就是，不要将事情做圆满，要留个缺口，让其他人去填。"

听了这些话，想必这些管理者应该明白其中的道理了！管理者事必躬亲，是对员工智慧的扼杀，长此以往，员工就容易形成惰性，大大降低责任心；情况严重的，还会让员工产生逆反心理。人无完人，个人的智慧毕竟是有限的，为员工画好蓝图，给员工留下空间，激励他们发挥自己的智慧，就能画得更好。

无独有偶。

一天，美国知名主持人林克莱特访问一名小朋友，问："你长大后想当什么？"

小朋友天真地回答："我要当飞机驾驶员！"

林克莱特接着问："如果有一天，飞机飞到太平洋上空所有引擎都熄火了，你会怎么办？"

小朋友想了想，说："我会先让坐在飞机上的人绑好安全带，然后挂上我的降落伞，跳出去。"

观众笑得东倒西歪，林克莱特继续注视着这个孩子，想看他是不是自作聪明。没想到，孩子居然流出了两行热泪，林克莱特这才意识到，孩子的悲悯之情远非笔墨所能形容。

林克莱特问："为什么要这么做？"

小朋友立刻说出了自己的真挚想法："我要拿燃料，我还要回来！"

谁能想到，一个小孩居然能够给出这样的回答！

当小朋友说出"跳出去"时，想必人们可能都会觉得孩子是想自己离开。但之后的话却让我们肃然起敬，"我要拿燃料，我还要回来！"多么无畏、多么勇敢的孩子！

激情高昂，引发情感风暴

告诉自己：

学会演说，才能改变我的命运

我的演说超级成功

演说不是亲友间的窃窃私语，要想提高说服效果，不仅需要气势，更需要豪言壮语，否则整个演说就会失去力度。细数历来成功的演说不难发现，在隆重场合多说一些豪言壮语更能引发全场的情感高潮。

在演说决赛中，一位演说者这样开头：

当我走上演说台时，朋友们，你们猜我最先看到的是什么？我看到了一双眼睛，那是我慈祥的妈妈的眼睛。此刻她正坐在台下，向我投来温存、信任与鼓励的目光，让我稳稳地站在人生的舞台上，又让我自信地站在各位评审老师与热情的观众面前……

演说者的演说主旨是“谁言寸草心，报得三春晖”，他别出心裁地以设问开场，切入自己的母亲，引导听众对演说主旨的注意与理解，当听众纷纷将自己的目光投向他母亲的时候，效果定然会妙不可言。

1948 年郭沫若在萧红墓前作了即兴演说，做好开头的铺垫后，他从生理年轻推及到精神年龄，说：“什么是年轻精神的品质呢？”话题一转，他自问自答，过渡到演说的核心：“第一，是真理的追求者……第二，是博爱的实践者……第三，是勇敢的战士……”

这几句话结构严谨，语意突出，让听众很好地理解了其中包含的深刻哲理。

反问、排比等句式的使用，不仅能强调表达的内容，还能增强语言的气势，带动全场气氛。因此，为了引发听众的共鸣，演说者就要饱含深情，情绪高昂地说话，引发听众的情感效应，获取先声夺人的效果。

在演说场合，演说者的豪言壮语能调动听众的积极性，可以引起人们内心深处的共鸣，从而引发超强的情感风暴。通常演说大概需要一个多小时，在整场演说中，如果演说者一直都在一本正经地、不停地说，听众就会产生听觉疲劳。因此，要想让听众对自己的演说感兴趣，演说者就要有意识地营造一种情感氛围。

演说中，演说者要主动驾驭听众的情绪，不仅要及时化解听众的负面情绪，还要细心观察并感受听众情绪的变化，制造情感氛围。

煽情是演说中常用的手段。人非草木，孰能无情？感人心者莫先于情。心理学家认为，驱动人类从事认识和改造客观世界的内部力量便是情感，人的全部心理活动都与情感有着巨大联系。巧妙地运用情感的力量，将演说中的“动情点”最大限度地激发出来，将其畅通、完整地传递给听众，就能产生不可思议的效果。

一、演说中，重视“煽情”效果

演说中，能产生“煽情”效果的演说通常有以下两种。

1.“使人激”演说

这种演说可以让听众激动起来，让他们在思想感情上与演说者产生共鸣，从而变得欢呼和雀跃。典型代表就是，美国黑人运动领袖马丁·路德金在林肯纪念堂前的演说，他用几个“梦想”激发了广大的黑人听众的自尊感和自强感，激励他们为“生而平等”而奋斗。

2.“使人动”的演说

“使人动”可以使听众产生一种想跟演说者一起行动的想法，有着很强的鼓动性，多数结尾都会使用号召、呼吁等语言。

二、演说中如何“煽情”

演说中，究竟该如何“煽情”呢？最常用的方法就是“语音传情”与“语意传情”两种。

1. 言辞和声音都能传情达意

演说者不懂控制自己的感情，一到伤心处就泣不成声；一到愤慨时，就词不达意；一到高兴时，就笑得前仰后合，手舞足蹈。结果，听众只知道他在台上喜怒无常，却听不清、弄不懂他在说什么。如此，又怎能与听众产生感情上的共鸣？演说中的情感抒发十分重要，但感情是受理智支配的，因此要时刻牢记演说的主题，把握感情的阀门，控制感情的流量。

2. 真情流露不等于不加节制

心理学家卡洛·塔维斯说：“讲演不仅应该认识到坦诚的必要性，而且要知道什么时候应该坦诚、坦诚到什么程度。”演说时，一定要善于控制感情。真情流露并不等于毫无节制，坦诚也要把握好其中的度。如果不加节制，感情表现过分，听众就会不知所云了。切记，演说需要尽情倾诉时，一定要开大“阀门”，让感情如潮水般一泻而出。但高潮过后，则要立即调节，绝对不能放纵情感，信马由缰。

用数据说话，更具说服力

现代社会异常复杂，很多人总觉得只有借助数字的支持，自己的思想观点才能令人信服。事例可以使问题变得鲜活，赋予其人性化，但听众难免会质疑到底有多少人会受到这一问题的影响。为了解决这个问题，就要求助于数据。研究表明，有了数据的支持，演说的说服力就会明显增强。

当然，在具体的演说事例中，很多演说者也会将数据引用到演说中，支持某个观点。比如，为了说明旅游业对中国经济的重要性，清华大学是这样运用数据的。

> 中国旅游业去年收入达到5千亿人民币，比前年增加了10.5%，占我国国民生产总值的5%以上。根据专家估计，在今后的十年内，这个数字会增长到8%，将随之产生4千万的工作机会。

这里，“5千亿”“增加了0.5%”“5%以上”“增长到8%”“产生4千万”……一系列数字的运用，让听众更加明白旅游业带来的经济效益，说服力明显加强。如果换种说法“旅游业在中国呈现稳定增长趋势。”显然就不如前面含有数据的论证清晰，更有说服力。

事实证明，精通于宣传的演说者，除了良好的口才和专业能力外，多半都能将自己的观点通过具体化、数字化表达出来，让听众从心里认为他就是最专业且最权威的演说者。

数据的运用，能让演说的论点更加明确可信。同样，北京语言大学的戚悦为了支持自己的宣言，也引用了一连串数据。2008 年奥运会是一届绿色奥运，她在演说中说：

根据一个题为“绿色奥林匹克运动会行动计划”的方案，在 1998 ～ 2007 年，北京在保护环境方面将投入 1 千亿人民币。沿着四环路将种上 1 250 万棵树和 100 亩绿化草。那时，城市的绿化面积就能达到 40%。

“投入 1 千亿人民币”“种 1 250 万棵树和 100 亩绿化草”“达到 40%”，这样精确的数字，远比使用概括性的语句更能引起人们的信任。

在演说过程中，在向听众介绍观点时，演说中要充分利用实际的数字来进行说明。只要听众相信这些数字能给他带来帮助，他就会对你留下深刻的印象，进而相信你以及你的观点。

一、数字在演说中的作用

数字不仅是一种数学符号，还是一种特殊语言，有很多表达效果。

1. 用数字表达显得很权威、很有说服力

例如：“28 法则，我们都知道这说的是一种数量关系，是 28，37，还是 19 都不要紧，就是一个少数跟多数的关系，但是如果把它改成少数与多数法则，效果就差远了。”

2. 数字表达很有冲击力

例如：“有一本书叫《科学 99.9% 都是假设》，书上说，人们以为科学都是严格证实过的，但其实多数科学都停留在假设阶段，并没有经过严格证实。那么，要给这本书起名，是《科学大多数都是假设》好，还是《科学 99.9% 都是假设》好呢？”显然，还是数字听起来有感染力。

3. 数字有着很强的概括力

例如：“13 亿中国人民给全世界拜年啦！”对这句话，大家都很熟悉。这种说法虽然并不精确，但表达效果不错。如果非要用一个精确数字来表达，说起来不但是啰里啰唆，听众听着也不舒服。

二、数字在演说中的运用

数字语言有很强的表现力，如何在演说中运用数字呢？

1. 单位换算

看看下面的演说：“举个例子，两家超市做促销，对手能返 5%，你只能返 2%，如果你的注意力只盯在 2% 和 5% 上，肯定会输，这时完全可以换个思路想一想，你的 2% 等于 1/50，平均算起来所有客人都会多获得消费金额 1/50 的奖励；如果 50 个顾客一组，每组把所有的奖励都送给其中的一位，总费用就是一样的。也就是说，50 位顾客的平均客单价是 1 000 元，每位平均顾客奖励 20 元，50 位顾客一共奖励 1 000 元；如果把奖励给其中的一位顾客，吸引力都很大。所以，购物返 2%，听起来太小气，那就搞“每 50 人一人免单，最高免单

1 000 元”，到时候效果就不一样了。

2. 使用数字的言外之意

数字是一种语言，有时也会产生“言外之意”的效果。例如，有段演说这样说：有个概念叫 WAP2.0，这个概念很有意思，既然叫 2.0，就说明过去的软件是 1.0，未来会进化成 3.0，4.0。虽然没有所谓过去的 1.0，但是 2.0 就产生了这种正在进行时的效果，衍生出了超出数字本身的效果。

3. 同一个数字换种说法

演说中使用数字，可以换个说法。例如，下面这段演说：行业竞争，你说你市场占有率第一，我说我顾客满意度第一，不管这个满意度是怎么来的，只要找到这个“第一”，对顾客来说就是一个卖点。

总之，数字有很多的表达效果，演说的时候，要多动动脑子，多玩些数字游戏，说不定就能取得出奇制胜的效果。

张嘴前要照顾听众的感受

问问自己：这场演说我要给客户什么样的感觉？

当众演说学会分析听众心理，是一项重要的技能！不顾听众的感受，任意而为，不仅不利于传播自己的思想，还会影响整个演说的效果。因此，在正式开口演说前，首先就要照顾一下听众的感受。

1. 给听众一些安慰和鼓励

有人问，什么最能引起人们的兴趣？英国最富有的报纸大王诺斯克利夫博士回答："他自己。"

詹姆斯·哈维·罗宾逊教授在他所著的《心的形成》一书中，进一步阐明了上述观点。他写道：

当我们清醒的时候，也感到自己的脑海在不停地思想；当我们睡觉的时候，也知道自己在不断地思想。睡觉时的思想和清醒时的思想比起来，显得更加愚蠢。我们常常待在幻想的迷梦中，这是我们自愿且极爱好的一种思想，我们随自己思想的轨道进行，这轨道是由我们的情感来决定的。

世间没有比我们自己更感趣味的对象，所有不加约束和指导的思想都环绕着我们。留心观察自己和别人之心的趋向是十分有趣的，也异常可悲。

幻想是我们主要性格的指数，足以影响我们自尊自大的一切思索。所以，你应当记住：跟你说话的人，如果没想到自己的事业和职务，必定在想着自己的光荣和正直。他们对刮脸刀片钝了不能刮胡须的事，比飞机失事还要关心；他自己牙齿痛，比南美洲发生的大地震更重要；他听你谈论自己得意的事件，比听你谈历史上一切伟大人物的事件更高兴。

演说中，要想得到听众的赞同与支持，话题就应该是听众最关心的。一旦听众产生了与演说者“同船共渡”的感受，演说也就成功了一半。

当然，诱导时，可以先给听众一点小甜头；引导听众做一件很重大的事情时，就得给他们一个强烈的刺激，使他们产生一种企求成功的希望。一旦听众被一种成功的意识刺激到，就会为接受更严峻的挑战而再次尝试。

2. 缺乏活力无法抓住听众

对于演说最重要的不是华丽的词句，而是演说的精神活力以及词句背后的自信力。言语缺乏活力，现场氛围就会死气沉沉，听众更不会打起精神。

一位青年向法国的大哲学家伏尔泰大喊：“我要活着！”

伏尔泰回答说：“我看不出你有活着的必要。”

青年人歇斯底里的呐喊，只得到伏尔泰的冷漠甚至敌对。可见，赋予语言一定的活力是多么重要。

练习演说时，很多演说者的脑子里都会储备大量精妙的材料，但只要当着众人的面讲起话来，却是死板而缺乏生气的，无法将藏在脑子里的题材和热烈的兴趣联系起来，缺乏精神活力，对于自己所说的话总觉得好像没有说的必要。连自己都无法感动，说出来又怎能让听众感动？所以，演说者必须设法让自己多放出一些活力来。

3. 刺激自我，不消极

一个乡下传道者问一位著名的牧师："怎样在炎热的星期日下午，使听教者不为睡魔所扰？"

牧师诙谐地回答说："只要叫人拿支棍子把传道者痛打一顿就行。"

这确实是个再好不过的办法，短短的一句话，牧师教给传道者的远胜于万卷专论。临到演说的时候，完全可以先运动一下，直到全身血液畅流，脸上和眼中都充满活力的光辉；之后，再尽可能地高声朗诵一篇诗歌，或做出奋力的姿势，调动起自己的兴奋点，做好情感的铺垫。

事实证明，许多著名演说家都懂得这个道理。为了刺激自己，有的演说者会从窗子跳到后台，并握紧拳头向空中乱挥，好像在与假想敌搏斗；有的演说者会想出一个使自己发怒的借口，使精神变得紧张起来；有的演说者在后台等待出场，会用力拍打自己的胸口。

第十章

及时救场，局面不失控

演说现场出现问题时

要及时想办法

将局面控制住!

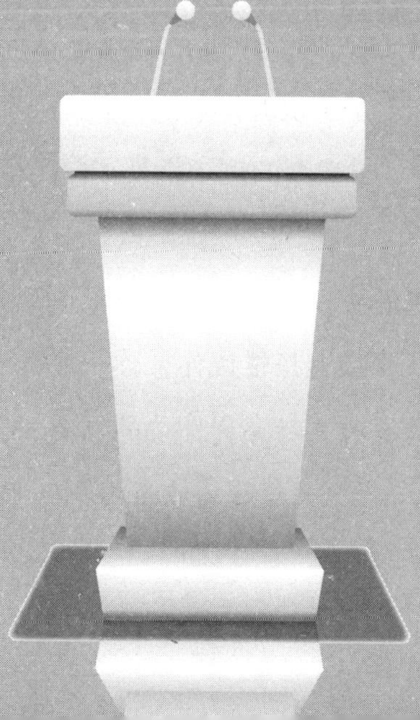

大家不想听你，怎么办

没有破开冰之前，千万不要引入主题。

演说的最终目的是要让听众接受你的内容或观点，进而按照你的意图行事。说白了，就是要说服人、影响人。可是，并不是所有人都会跟着演说者倾听或互动，很多人听着听着可能就不想听了，这时候怎么办？如何才能让听众继续接着听呢？如何才能减少听众的“不想听”呢？

1. 了解对方的心理

刘备是《三国演义》中的重要人物，在文才方面，他比不过诸葛亮；在武功方面，他比不过关羽、张飞，但就是这样一个文韬武略都不如他人的人，却最终当上了蜀汉开国君王。他是如何做到的？原因之一就是，善于攻心。其中，最典型的例子就是“白门楼劝曹操杀吕布”。

一天，吕布被五花大绑地押上白门楼，对曹操说：“我很欣赏你的雄才伟略，如果能让我做大将辅佐你，你一定能在天下称雄。”

曹操听了，犹豫不决，转身问旁边的刘备：“你觉得如何？”

刘备思考了一下，说：“您难道没有看到丁原、董卓的事情吗？”

曹操终于明白了：吕布是一只老虎，只能除掉，不能养在身边。最终，下令将吕布处决了。

这里，刘备引用吕布杀害两位义父的事例，告诉曹操：吕布是一个容易背信弃义的人，不值得相信，留在身边，早晚会成为祸患，不如早点杀掉。曹操为人从来都不会相信别人，刘备正是抓住了他的这个心理弱点，一语中的，切中要害，处死了吕布。

同样，演说前也要搞清楚听众的心理现状是什么？兴奋点是什么？疑点是什么？有哪些心理需求？……更要了解听众的心理特点和弱点，进而抓住要害，一语中的，使他们产生心理震撼。

《孙子·谋攻篇》有句名言："知己知彼，百战不殆！"古代为了将敌方打败，就要掌握必要的战术，而这句话就被众多将领使用。要想取得胜利，不仅要了解自己的能力，还要知道对方的优势和劣势。这是攻心的关键！

演说中，要想说服听众，就要先了解听众，把握他们的心理活动。

2. 抓住人心

要想说服听众，首先就要让听众关注你，愿意听你讲话。否则，只能是"瞎子点灯——白费蜡"，无法吸引听众的注意力。那么，如何才能让他们关注你呢？要从演说者和听众二者的心理来把握。

（1）就听众来说。要想预防听众注意力不集中、思想偏离主题等倾向，就要想办法牢牢抓住听众的心。不成功的演说，一般都是因为听众无法专注于一个话题，将心思分给了其他事情。因此，演说中，要用适当的话语抓住听众的心，使他们对演说持久关注。

（2）就演说者来说。要想将听众的注意力牢牢抓住，演说者必须表现出一定的特质，而且这种"特质"还应该是听众喜欢的。在这方面，演说者的“权”“威”发挥着重要作用。领导者特有的人格魅力是增强演说效果的关键。怎样才能做到这一点呢?

①讲一些让听众得到某种满足的问题。比如，领导讲话，多数时候都是部署具体工作、阐述某种观点，内容可能枯燥无味，听众不一定感兴趣，如果想打动听众、说服听众，就要拿出一定的措施，让他们接受演说内容。比如，先称赞他们一番，给他戴顶“高帽子”，让他们高兴，得到心理的满足。

②讲一些容易让人思考的问题。善于演说的人，不会独自滔滔不绝地“满堂灌”，只会想办法让听众与自己一起思考和讨论，持久关注。“自拉自唱”独角戏式的演说注定不受欢迎，听众始终处于“懒惰”状态，更不利于演说成效的提高，必须想办法调动听众思考的积极性。比如，不断提问、旁敲侧击、一语双关等，都是不错的方法。

③讲一些大家都关注的问题。演说时，要根据听众的心理需求，讲一些大家最关心、最想了解、最想得到解决的问题等，抓住人心。

3. 打动人心

演说的最终目的就是要从道理上说服别人，而要说服别人，就要将自己的意图、话语材料精心组织起来，把道理说清楚、说透彻，说得对方无法反驳和拒绝。

要想打动人心，就要从下面几个方面做起（见表 10-1）。

表10-1　打动人心的方法说明

方法	说明
有气势	这里，并不是指声音大、语速快、滔滔不绝，也不是指盛气凌人、压倒对方，而是要流利地将想说的材料用富有逻辑的语言表达出来。前后内容要丝丝入扣，不要出现太多的破绽，前后出现矛盾。演说既流畅又严谨的人，即使语速不快、声调不高，也能形成一种引人入胜的美好感觉，从而形成气势

续表

方法	说明
有权威	要从根本上说服听众，就要提高演说内容的权威性，使听者不能不信。为了提高说服力，演说中就要多引用权威人士的话语，合理使用名人名言。对于权威人士，人们通常都喜欢，性格执拗、固执己见，通常都很难说服他人，适时使用一些权威人士的例子，听众多半都会不再执拗了
情理合	情与理的巧妙结合，是提高演说水平的一个基本要求，是增强演说说服力的根本保证。想在演说中说服对方，让对方动心，就要试着先用真情打动对方，再用道理说服对方

忘词了，该掩饰还是“坦白”

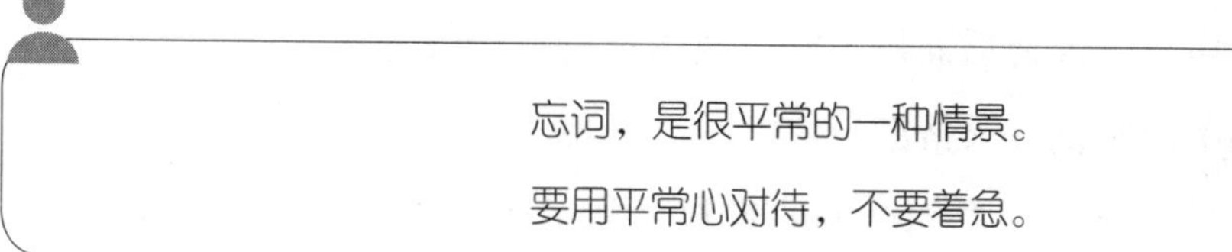

演说中，有些人会突然忘词，怎么办？直接告诉听众自己忘词了，还是用话语掩饰？

1. 巧妙应对忘词

（1）重新组织思路

说完一个问题之前，如果已经提前意识到自己要卡壳，就可以有意地放慢语速，插入一些其他话题或干脆另起炉灶，使用其他词汇，重新组织思维，然后顺着新思路讲下去，直到将忘记的词语回忆起来。如果在短时间内无法获得完整的新思路，就要将问题说完整，保持思路的清晰，不要拖拖拉拉，往往越紧张越容易忘词。当然，要想做到上面这一点，需要很高的应变能力，能接得天衣无缝的人并不多。临时现“编”一些语言，听众多半都能听出来，但总比呆呆地愣在台上要好很多。

（2）看一下大纲

如果带着演说笔记或大纲，可以自然地看一下，然后继续讲，但千万不要半个身子趴在桌子上或明显地低头，只要偏移一下视线即可。如果没有，就可以对前面的内容进行总结，并在此基础上提炼出下面所要说的话。

（3）回顾和总结

一般来说，演说中会忘词的部分通常都发生在上下两个要点之间，如讲完第一点之后忘了如何接着说第二点，这时就可以回顾、总结一下内容。如果这样还不奏效，就撇开演说稿，从演说的主题或中心词引申开，即使后面讲不好，也强过台上面红耳赤。

（4）向听众寻求帮助

如果听众手中有你分发的资料，就可以大方地让听众提供帮助，如“我讲得太投入了，因为这一点非常重要，以至于我都忘记刚才说到哪里了，我说到哪了呢？”一般来说，听众都很善良，只要演说足够精彩，他们自然会配合你并大方地提醒你。

2. 从我做起，预防卡壳

为了避免演说中出现忘词卡壳的情况，要做到下面几点。

（1）带着感恩之心

演说是展示自己的一个好机会，要想避免忘词，就要保持良好的心态，知道自己究竟想要什么。用感恩的心态来对待演说和听众，即使忘了词，也能得到听众的谅解，听众也会接收你、信任你，给你关心和帮助、给你支持和鼓励、给你提醒和教导，让你感受到真诚、友谊、温暖、感动和感激，为你增添精神支撑。

（2）拥有责任感

站在演说台上，演说者代表的并不是自己，而是支持你的每一个人。有了责任感，就能积极主动地演说，就能具备深入扎实的作风、认真负责的精神；就能有不甘落后的志气、百折不挠的勇气、奋力开拓的锐气；就会有信心、有决心、有恒心。即使演说途中忘词了，也会动用自己的大脑，用自己的方式将优秀的一面展现出来。记住，听众都相信有责任感的人。

（3）保持头脑清醒

站在演说台上，演说者只比别人高出一个舞台的高度，没什么好紧张的。只要时刻保持清醒的头脑，灵活应对演说中的每个小细节即可。实验证明，清醒的头脑可以让演说者更明智，做得更好。所以，演说的时候，要时刻告诉自己：你现在在做什么，你为何要这样做，应该怎样做……要保持清醒的头脑，将自己的才能发挥到极致。

（4）激情地演说

人都赋予情感性，将激情融入演说中，效果会更好。因此，一旦忘了词，就要努力调动全身的感官细胞，将感情酝酿出来。激情是演说的动力，演说者的激情会让听众心潮澎湃；缺乏激情，懒懒散散，听众多半都不会持续地听下去。演说者讲得浑然忘我，听众就会融入其中，自然也就不会在意“忘词”的问题了。

讲错了，怎么办

告诉自己：

我爱我自己

我喜欢我自己

我是独一无二的人

通常，经验丰富的演说者是不会出现这种问题的，这种问题往往都发生在经验不丰富的演说者身上。

讲错了，怎么办？一旦觉察到自己讲错了某句话，就可以根据失误的性质、程度等采用以下方法进行补救。

1. 重复纠正

惊慌失措、匆匆道歉、连连解释，会破坏演说的连贯性、完整性和会场气氛。如果演说中出现的失误是比较关键或原则性的，或听众已经做出反应的，可以重复纠正一遍，但没必要声明“对不起，刚才我讲错了”。

2. 随机应变

演说中，如果将关键问题或语言讲错了，这时候即使重新重复一遍，也无法挽回负面影响。这时要及时果断地做出处理，巧妙灵活地圆场。比如，一位演说者在演说中说错了话，意识到后，他毫不犹豫地大声说："朋友们，难道是这样的吗？"将问题否定后，又接着开始讲，最终收到了最佳的艺术效果。

3. 将错就错

演说中，如果错误的地方仅仅漏了字词句，或仅仅是发音失误，听众没听出来，不影响问题的阐述。这种情况，其实根本就不用纠正，演说者完全可以将错就错，接着往下讲。

意外卡壳，怎么办

卡壳，并不代表演说的终结。

演说中，有些人由于紧张或其他原因，思路会在不经意间出现中断，大脑一片空白，突破就"卡壳"了！怎么办？这里给大家介绍10种方法。

1. "嗯，你肯定知道……"

陌生词汇、专业术语、普通词汇，都有可能让演说者一时语塞。这时候，完全可以停下来，补上一句"嗯，你们肯定知道我说的是什么"。如此，听众多半都会笑起来，并赞同你的说法。

2. 用套话侃侃而谈

演说中，无意中卡壳，实在讲不下去，就可以用空话和套话来填补空白，侃侃而谈，直到找回思路为止。不管怎样，都比冷场要强很多。

3. 省略部分想法

通常，听众都不会知道你具体忘了什么内容，他们也不会看到演说底稿。这时，完全可以放弃这一段。越想拼命地将忘记的内容回忆起来，越是想不起来。大脑的偶尔“短路”，智商会明显降低很多，与其在那里冥思苦想，倒不如干脆放弃这一段，继续讲接下来的内容。

4. 随后找回思路

出现了卡壳，不要理会头脑中的空白，可以直接跳到后面的重点开始讲。随着话题的深入，之前想不起来的内容也可能就想起来了。比如，用“另外……”等句式来引起阐述。

5. 用互动争取时间

出现了卡壳，可以向听众提出一些问题，将听众调动起来，让他们陷入思考中。这是一种比较巧妙的方法，可以问：“你们现在有什么问题吗？”“也许现在你会问……”“你对此有什么想法？”这样的讨论中，不仅能为自己的演说赢得时间，将忘记的内容想起来；也可以将听众的积极性调动起来，再次激发出灵感。

6. 回头再说

出现了卡壳，有的演说者会对听众说“我们一会儿再回到这个话题”，然后补充一下：“如果时间允许……”如此，就将疏漏很好地掩盖了起来。即使到了最后确实想不起来，听众很可能也不在意了；而且到了最后，多半也不会留出太多的时间。

7. 做些琐碎的事情

如果演说中意外卡壳，可以做些其他事情来分散注意力，如擦擦鼻子、喝点水等。实践中，很多优秀的演说者都会使用这种技巧。你也可以偶尔为之，让自己放松下来。可能做着做着，思路就想起来了。

8. 嫁祸于技术故障

出现卡壳，谁都不想尴尬地站在那里一言不发，可以从技术故障入手，将听众的关注点从你身上引开，如投影仪坏了、麦克风失灵、大屏幕被卡住、电线被扯断了等。

9. 休息片刻

演说思路中断时，可以直接对听众说："我们先讲到这里，休息五分钟。"当然，使用这种方法，一定要掌握主导权，且确实是该休息的时候了。

10. 让听众填空

比如，"我们刚才提到两点，还有第三点吗？"这种提问方式不仅能为你赢得时间，还能提高参与度和合作度。

听众唱反调，怎么回应

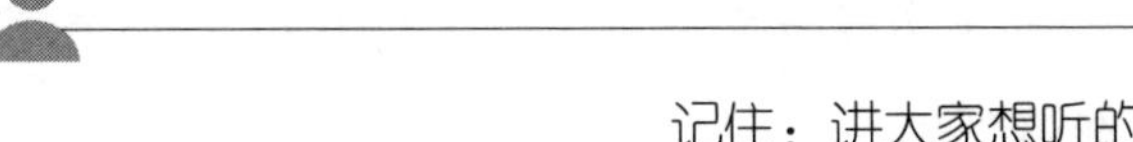

记住：讲大家想听的而不是讲我要讲的。

在演说中，演说者经常会受到这样的挑战：听众不赞同自己的观点，进行反驳。遇到这种情况，演说者该如何应对呢？遇到类似情况的时候，会场秩序可能会混乱，严重者还会失控，但这也是一种机遇——演说者只要掌握一定的方法与技巧，就能顺利“救场”，还可能迸射出让听众目眩的智慧火花。

当听众反驳你的意见和观点时，既不能置之不理，也不能粗暴地加以否定，要理性应对。这里有个小故事：

在一次演说中，一位著名演说家言辞恳切地对在座的青年说：“要注意自己的言行，因为语言具有无穷的力量。”

这时，一位青年举起手来，表达了自己的不同见解：“当我说幸福、幸福、幸福时，并不觉得有什么快乐；当我说不幸、不幸、不幸时，也不会因此而倒霉。所以，我认为语言只是供我们使用的一种普通工具，并不会产生无穷的力量！

听了此言，听众开始窃窃私语，有些人甚至还开始大声地对这位青年表示支持。显然，这位青年的观点很有代表性。会场一时陷入混乱。

这时，演说家突然在台上大声地对青年进行呵斥：“笨蛋！你根本就没有理解我的话。”

演说家有失风度的反应让听众吃了一惊，会场突然安静下来、发言的青年被惊得目瞪口呆，但很快反应过来，怒不可遏地开始反击：“你才是笨蛋！你才是……”

演说家没有接话，而是以一种让人颇感意外的诚恳语气道：“对不起，我刚才有些情绪失控，希望您能接受我最真诚的道歉。”演说家说完，年轻人的怒气也就逐渐消失了。

看到听众对刚才戏剧的一幕充满了好奇和不解，演说家停顿了几秒后，微笑着继续演说：“大家看到了吧，刚才我只不过说了一声‘笨蛋’，这位青年就要跟我拼命；后来，我只说了几句话，他的怒气就消失了。这说明了什么？说明了语言的力量是无穷的。你说出的话，有时是块石头，能砸到他人身上，使他人受伤；有时又会像春日里的和风，吹拂到他人身上，让他人倍感舒心。这就是语言的威力！”

在这里，演说家既巧妙地反驳了发言青年的观点，突出了“语言的力量是无穷的”主题；还对现场的观众产生了极强的震撼力和吸引力。

演说者难免会遇到听众唱反调的情况，这时候一定不要与听众争辩，否则不论结果输赢，都会伤了演说者的个人形象；一旦开始争辩，不管结果如何，演说家都注定是输的一方。

聪明的做法是随机应变，因势利导，在掌控演说现场秩序的同时，安抚、调动听众的情绪，引发他们的共鸣，使演说更为鲜活有力。

发生技术故障，怎么办

演说中偶尔会发生技术故障，
要提前做好预备方案，
不能乱了思路。

演说中的问题，不仅有来自演说者本人的，还有来自技术方面的，如扩音器没电了。因此，为了从容应对这类问题，在正式演说之前，就要制定一套备用方案，掌握以下几个应对技术故障的法则。

1. 制定备用方案

演说中，播放 PPT 的大屏幕坏了，怎么办？一定要记住，这并不是世界末日。要把它当作一种机会，跟听众分享你所知道的一切，把演说内容当作分享的重点。

（1）将演说文件存放在多个地方，如拇指存储器、网盘，甚至同事的计算机里。如此，即使你的笔记本不小心被泼上咖啡后而导致数据丢失，也还有备份文件。

（2）将演说内容打印出来发给听众，但只有关键的演说才需这样做。此时，打印材料的内容比你说的内容更重要，且听众人数较少，跟你关系更密切。但是，有了打印的纸质材料，听众很可能光顾着看纸上的信息而不听你讲了。

2. 接着自己的思路讲

之所以要使用科技设备，主要是为了完善演说，但不能让它分散你太多的精力。一旦出现了错误，不要急着抱怨翻页问题、拼写错误或机器反应过慢，听众可能还没发现这些缺点，直接指出来，没有多大用处。如果是文件打不开，如视频、网站或声频等，不要管它，继续演说即可。

3. 不要浪费时间

演说的时间都是固定的，每浪费一分钟，就会失去一个传达有用信息的机会。所以，无论设备是否正常工作，都要准时开始正题。如果人们愿意听你演说，他们可能已经从会议材料或邀请函里了解了你的身份和演说题目。这时，即使不使用先进的高科技设备，也能简要介绍自己和演说的主要内容，只要为听众做几分钟热身，让技术人员来修复设备即可。

4. 简化演说内容

演说之前，问问自己：你真的需要借助电子设备吗？如果按照会议安排，你需要第一个发言，结果发现电子设备有故障，如话筒不出声音，怎么办？为了让会议顺利进行，完全可以不用话筒演说。会议室很长，先问后面几排人，看他们能否听清你讲话，如果可以就开始自己的演说。

第十一章 给演说画上圆满的句号

用完美的收尾方式来结束你的演说

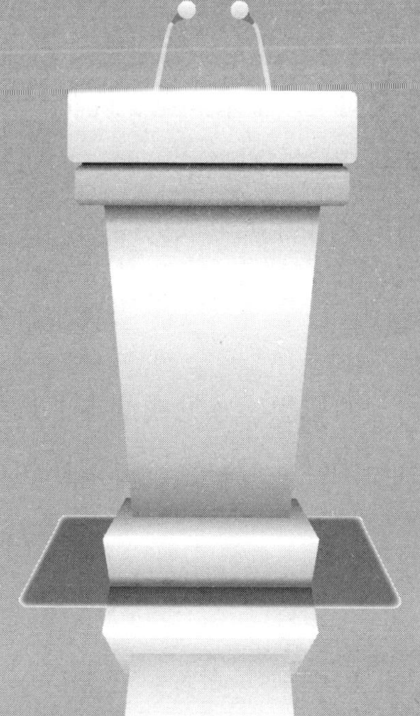

如何用一句话完美压轴

一场好的演说就像是一出好戏、一部好电影、一首好歌，开始时就要吸引听众的注意力，中间一步步发展，最后来个强有力的结尾。

俗话说“编筐编篓，重在收口；描龙画凤，难在点睛。”结尾是演说的“收口之作”“点睛之笔”，其重要性不言而喻。用一句话压轴，演说就能完美收官，收到满意的效果。

1. 征询式收尾

演说即将完毕，演说者根据自己的目的，综合“交谈情况”——目的与演说后的吻合情况向听众征求意见、说明、要求或建设性的忠告、劝诫等，就是征询式收尾。在演说结束时，向听众发出征询，就能给人以谦逊大度、仔细周到和深沉老成的印象，让听众心悦诚服、备感亲切、心心相印，让彼此的关系更加融洽。

2. 关照式收尾

演说者表达完自己的思想、意见或流露了某些心意之后，如果觉得有些话和问题带有范围性、对象性、保密性和重点性，演说即将结束时，就要关照听众哪些问题是重要的。这种方式可以对听众做出提醒，可以防患于未然，更能强调重点，使对方增进了解。

3. 请求采取行动

结尾时，要用充满激情、热情奔放、扣人心弦的语言来表达自己的思想主张，赢得听众的情感共鸣，唤醒听众的理智和感情，提出任务，指明前途，表达希望，发出号召，鼓舞听众振奋精神，付诸行动。

4. 用诗文作结尾

恰到好处地引用著名诗句等作为演说的结束语，可以为演说的主题提供有力的证明，使听众在联系和印证中得到深刻启发，继而为演说增添一定的文学色彩。

5. 提问题引起思考

演说结尾时，演说者可以向听众提出问题，让听众进行思考，让听众更好地参与到演说中来，引发听众的思考，做到以境感人。

6. 含蓄幽默的结尾

用含蓄、幽默的言辞或动作作为演说的结尾，让听众在欢声笑语中去思考、领会演说者含而未露的深刻用意。

7. 真诚地赞扬

演说结尾的时候，进行诚挚的赞颂，提高情感和力量，拨响听众的感情之弦，就会引起听众的和谐共鸣。

8. 以诗词点缀

在演说的结尾，使用某一“道具”展开话题，中间利用优美的诗词进行点缀，就能完美地收尾。

9. 以幽默结尾

结尾的时候，说一两句风趣幽默的言语，让听众在笑声中结束演说，也将妙不可言。

10. 辅以名言

为了提高说服力，可以在结尾的位置，安排一两句名人名言。

11. 以高潮结尾

将演说的高潮放在最后，层层推进、逐层累积，更容易打动听众的心弦。

锦上添花的五种结尾方式

用五种结尾方式为演说增添光彩：

总结式

感谢式

祝贺式

决心式

号召式

1. 做总结

所谓总结式结尾就是，在演说结束时，演说者用极其简练的语言，对前面讲过的内容和观点做概括性的总结，突出中心、强化主题、首尾呼应、画龙点睛。

例如，在主题为《我是一个小小点》的演说中，演说者是这样结尾的：

我就是这样一个小小的点，虽然微不足道，但当你、我、他，我们大家，许多点汇集在一起的时候，就会形成一条向上的、鲜活生动的线。用这条线，不仅可以谱写自己的旋律，还可以描绘出祖国最美丽的画卷，看到最灿烂的明天！

再如，一位区长做就职演说，他是这样结尾的：

我初到深圳龙岗时，没有什么后台，就说了三句话：凭良心说话，凭本事吃饭，凭骨气做人。我没有多大的本事，反而有许多缺点，如年轻不成熟、经验不足等。但，我最大的优势就是年轻。我精力充沛、敢想敢干。我敢想，但决不胡想；我敢干，但绝不蛮干。今后，我一定谦虚谨慎，跟大家齐心协力，坚决完成各项工作任务！

谢谢大家！

再如，在《怎样微笑才迷人》的培训课程中，是这样结尾的：

同学们，我们今天一共讲了四大块内容：什么是微笑、微笑的机理、微笑的准则以及微笑的训练方法。同时，在课堂上，我们还进行了现场微笑通关训练。现在，我强调几句：在人际交往的过程中，微笑是最好的通行证。因为，微笑能使你富有，但不会使你贫穷；微笑比电便宜，却比灯灿烂。

微笑最能传递正能量！我相信在座的各位同学回到工作岗位后，

都能熟练应用今天学到的知识和技能；我更相信，在座的各位同学，在未来的日子里，家庭美满、生活愉快、工作顺利。

谢谢大家！

总结式结尾一般运用于竞聘演说、就职演说和课程培训等几种场合，为了加强现场听众对演说内容的印象，这几类演说都需要演说者在最后再来一次总结。其他种类的演说，一般都不会采用这种结尾方式，因为这种结尾方式比较单调，无法将听众的情感推向高潮。

当然，结束语应该是对全篇讲话内容的高度概括，但并不等于老调重弹，应该增加一些新的观点和元素，形成真正意义上的总结。如果，演说的目的是向听众提供一种信息，这种概述性总结就非常合适和必要。不断地重复自己的观点，就能帮助听众填补一些前面他们没有完全领会的信息空白，给他们留下深刻的印象。

2. 表感谢

所谓感谢式结尾，并不是指演说者的习惯性礼貌用语“谢谢”“谢谢大家”等，而是指因演说内容的需要，在演说结束前必须以“感谢某事”或“感恩某人”来结束演说。

例如，在下面这段演说中，采用的就是感谢式结尾：

我们是在一种冷静与思索的过程中走进山旮旯的；是在贫穷与落后、愚昧与无知的需要中走进山旮旯的；是在奉献与索取的选择下走进山旮旯的；是在前进与后退的选择里走进山旮旯的；是在忽视与淡漠中走进山旮旯的；是在后悔与幸福的交织下走进山旮旯的。

我们把青春留给了穷困的乡村，是乡村的岁月培育了我们，是我们在山旮旯的剧场中义演，是我们获得了空前的成功，因为山旮旯里的人民送给我们一个大大的“赞！”。

感谢生活，尤其要感谢在山旮旯里工作和生活的人们！谢谢大家！

再如，下面这段演说，同样采用的是感谢式结尾：

我们不可能孤立地活在这个世界上，每时每刻都要与身边的每个人、每棵花草、每滴雨露，保持千丝万缕的联系。感谢身边的每个人，他们证明了我们的存在价值；感谢脚下的每棵花草，它让我们吮吸了生命的芬芳；感谢草叶上的每滴雨露，它展示了生命的勃勃生机。

不懂得感谢的人是可怜的，因为他失去了提升自己灵魂质量的宝贵资源；不懂得感激的人是可叹的，因为他在这个世界上拆除了通向更高顶点的阶梯；不懂得感激的人是孤独的，因为他割断了给生命以温情和友爱的纽带；不懂得感激的人是无知的，因为他关闭了生活给我们输送幸福的通道。

因为感激，所以幸福。就让我们从今天开始学会感激吧！感谢黎明的日出，感谢友好的问候，感谢无声的付出，感谢微小的收获……

一般来讲，演说结束时演说者要想对某事或某人表示感恩，在演说的过程就必须将为什么要感谢某事或某人的理由说清楚。如何做才能让听众觉得这个理由充分呢？最佳选择是向听众讲一个感人的故事，在最后表示感谢，仅进行空洞的说教，只能让听众感到厌烦。

3. 说祝贺

在结尾的地方表示祝贺，不仅具有较强的礼节性和趣味性，还能对听众产生巨大的鼓动。如果再使用一些口语修辞，效果就更加显著了。这里有几个例子：

“再见，保重！祝你一帆风顺！”

“时间不等人，生活就是拼搏，抓紧时间赶快干，也就延长了生命。祝愿你们都是这样的人，再见！”

“伟人都具有不凡的气概。只有经得起磨难，才能砥砺出刚强的锋芒……让我们都成为这样的人吧！”

不可否认，真诚的祝福或热烈的祝贺，最能打动人心，引起听众的情感共鸣。所以，如果想营造热情洋溢、满堂欢喜的气氛，使听众在快乐中提升自豪感和荣誉感，激励听众满怀信心地去创造未来，就可以使用祝福、祝贺等话语来结尾。

老人 80 周岁，子孙们为他摆了寿宴。在寿宴上的致辞中，演说者是这样结尾的：

明月可以作伴，清风可以见证。××先生在过去的岁月为国家的教育事业付出很多，让我们在这个美好的夜晚，为他绽放笑脸，为他展开歌喉，为他频频举杯，齐道一声：祝您福如东海，寿比南山，年年岁岁有此日，岁岁年年有今天！

同样，某公司在元旦的时候召开了茶话会，领导发言完毕时，使用了这样的结尾：

在元旦即将到来之际，我借此机会向公司的全体员工拜个早年！

祝中年人春节快乐、家庭幸福、事业成功！

祝年轻人春节欢乐、爱情甜蜜、前程无量！

总之，祝大家年年幸福年年富，岁岁平安岁岁欢！谢谢大家！

再如，在培训课结束后，一位培训师是这样结尾的：

同学们，这门课程我们今天就讲到这里。最后，我要强调的是：你所浪费的今天，是昨天死去的人很奢望的明天；你所厌恶的现在，是未来的你再也回不去的曾经。

最后，再送大家两句话：如果把人生分为四天，那就是春天、夏天、秋天、冬天；如果把人生分为三天，那就是昨天、今天、明天；如果把人生分为两天，那就是白天、夜晚；如果把人生分为一天，那就是每一天。祝愿在座的各位，快乐每一天、把握好每一天！

在这个世界上，有人欣赏你，说明你幸运；没人欣赏你，就是命运；作为朋友，我祝愿在座的各位，一生好运！

通常，每个人都喜欢听祝福的话、祝贺的话，于是相互之间的祝福、祝贺也就成了交往的最佳手段。同理，在演说中，如果演说者使用这样的话，听众就能感到满满的感动，现场氛围就会活跃起来，演说者和听众的关系也会立刻变得更加融洽，而演说者的观点和思想也会给听众留下更深刻的印象。

不过，需要提醒的是，使用祝福语、祝贺词的时候，不要过分地夸张和庸俗的捧场，否则听众会认为你是在哗众取宠。

4. 表决心

在演说的结尾，为了表示自己在未来要如何做，可以直接对听众表决心，一位演说者在《无愧于伟大的时代》的结尾这样高呼：

同学们，让我们高举起“五四”的火炬，弘扬民主与科学的精神，把爱国之情、报国之志化为救国之行，用我们的热血和汗水、青春和智慧，甚至生命，向我们的先辈和后代、向我们的祖国和民族呐喊：我们将无愧于伟大的时代，无愧为炎黄子孙，无愧为跨世纪的中国人！

谢谢！

这段文字就是演说者在结尾表决心的典型，感情饱满、态度鲜明、激情奔放，听了这些话，相信听众一定会坚定信念，演说感召力也被进一步放大。

同样，喜欢使用这种方式结尾的，还有很多企业领导，因为他们知道，将自己的决定直接告诉听众或员工，更容易鼓舞士气，更容易将大家集合在自己身边。

为了占领图像高地、云化时代，华为一共选拔了 2 000 名有 15 ～ 20 年研发经验的高级专家及高级干部深入前线。在深圳举行的研发战士海外出征大会上，任正非发表了“出征·磨砺·赢未来”战前总动员，他说：“我们错过了语音时代，错过了数据时代，没有占据世界的战略高地，再不能错过图像时代……经过 30 多年的奋斗，我们已从幼稚走向成熟，但成熟也会使我们惰怠。只要组织充满活力，奋斗者充满精神，就有胜利的可能。炮火震动着我们的心，胜利鼓舞着我们，让我们的青春无愧无悔吧！”

在演说的最后时刻，任正非举起自己的拳头，讲出了不胜不归的涛天决心和无敌勇气。

5. 发号召

所谓号召式结尾就是在演说结束时，运用鼓动性的言辞，或提希望，或提要求，号召听众去努力行动，完成演说任务。例如，党的十五大报告是这样结束的：

让我们高举邓小平理论伟大旗帜，紧密团结在党中央周围，同心同德，不屈不挠，艰苦奋斗，把建设有中国特色的社会主义伟大事业全面推向21世纪！

竞聘演说时，有的演说者也会在结尾直接向听众提出希望，发出号召。例如：

某企业举行副经理竞聘，一位演说者在演说结束时直截了当地向听众说："朋友们，请大家助我一'笔'之力投我一票吧，因为选我就等于选了你自己！"

说罢，现场就爆发出了热烈的掌声。

这段号召言语文字不多，却亲切感人，如同一根魔棒触动了听众的心灵，使大家的心紧紧地拴在一起，取得了不错的效果。

演说中结束语的注意事项

演说结束的时候，有些地方也是需要注意的。

演说结束时，使用适合自己的结尾方式，确实能取得理想的效果，但有些地方也是需要注意的。

1. 不要拖泥带水

演说到了末尾，一般都已经将应讲的内容讲完了，这时候如果再讲一些与主题无关或关系不大的内容，只能节外生枝，令听众反感。如此，不仅会让听众的思路出现混乱，还会破坏他们的情绪，更会冲淡前面所讲的内容。因此，演说者必须下定决心，将与主题无关的话从结尾处清除，当断则断、当止则止，绝不能画蛇添足。拖泥带水，只能拖延时间，使听众遭罪，为了提高说服力，演说者要使用最精确、最概括、最富于哲理的语言结束演说。

2. 不要承认错误

有时，当听众内心放松下来时，有的演说者会突然提起另一个关键论点，这至少说明演说者没有做好准备。其实，只要计划得当、准备充分，这种问题是不容易发生的。

如果想提高说服效果，在演说结束的时候，就不应该不合时宜地提出另一个论点，也不能随便提及“哦，有件事情我忘了提一提，这就是……”即使讲话结束突然又想到了某一论点，也要将其自然地融入演说中，不要提醒观众注意“你忘了应该早点在讲话中提到……事情。”

同时，如果结尾时发现自己犯了一些错误，也不要在这时候提起。因为，听众关注的是你的主要观点或内容，对于细节的问题，可能并不在意。你的提醒，只能让听众更加意识到你的问题或错误。

3. 不要延长时间

演说结尾短小精练、简洁明快，才能更具有感染力，才能让听众信服。本来已经到了结束的时间，你还在台上啰里啰唆，不管有没有实质内容，一开口说几十分钟甚至几小时，似乎时间越长越能体现自己的水平。今天的生活节奏异常快，人们都不会无缘无故地浪费自己的时间，无故延长演说，只说一些空话和长话，只能让听众感到厌烦。

4. 不要故作谦虚

有些演说者做完演说，喜欢说几句表示谦虚或道歉的话。这样做，不仅多余，还会显示出演说者的思想水平低下。演说的目的就是要让听众认可你、接受你。既然如此，为何不让自己成为“权威”“强者”……示弱，仅是一种表示谦虚的手段，确实能让你更加平易近人，但一旦演说结束，你的任务已经完成，这时再假装谦虚，会让人觉得你言不由衷；如果听众心中正好对你半信半疑，你的谦虚还会让他对你失去信任。因此，要想提高说服效果，演说者就要端正态度，去掉陈言俗套。

5. 不要草草收场

演说中有时会发生这种情况：听众本来好好地坐在下面，津津有味地听着演说，演说者突然说声“谢谢”，便戛然而止，事先一点招呼都没打。事先不给听众留下表明演说临近结束的迹象，会让听众感到一阵莫名其妙，继而对演说者本人及演说内容产生质疑。这样的演说，多半都会失败。

6. 不要太多的“感谢”

演说结尾，确实可以对听众和主办方等表示感谢，但感谢词要简洁明了，不能太多。一个劲儿地说“谢谢”，不仅发挥不出应有的作用，还会让听众心生厌烦。因此，要想让自己的演说获得成功，一定要切记：结尾可以表示感谢，但不能过度，要把握好分寸。

第十二章 不可不知的演说技巧

演说是一门艺术

是任何一个演说家都应该掌握的

仅会演说还不行，还要懂得演说的技巧

条理分明，逻辑严密

条理不清晰
逻辑不严谨
会让人听得如坠云中

对于在演说台上侃侃而谈、激情澎湃的演说者，人们一般都很敬佩，同时也希望自己的演说能引起别人的兴趣，更想用自己充满激情的言语和强大的感染力去影响别人。在台下可以滔滔不绝地对自己的下属或同事说上一两个小时，但只要一上台，就可能连一句话都说不出来。

之所以会出现这种情况，原因有很多，其中一个就是在上台之前没有做足准备。以至于演说的时候条理不清、逻辑不严。即使是经常在公众场合发表即兴演说的人，第一次开始演说，也容易出现思维混乱、条理不清晰、逻辑不严谨等问题。

演说者的语言没有逻辑性，条理不清晰，听众就会听的云里雾里，不明所以，无法达到演说的预期效果。同时，还会让听众觉得你没内涵、没水平。因此，提高演说的逻辑性和条理性是十分必要且重要的。

1. 用节奏控制气氛

作为演说者，不管是演说，还是其他会议，控制和掌握整个会场的节奏都很重要。掌握了整个演说的主动权，才能更从容地面对听众，实现预期的演说效果。同时，在演说中管理者还要努力营造一种氛围，让语言形成一种号召力，渗透到现场的每一个角落，到达听众的心里，让你的演说更有说服力。

2. 观点要得到认同

要想让演说更有说服力，就得让你的观点得到听众的认同。在演说前，有些人会感到焦躁不安，原因就在于担心听众不认同自己的观点，或反对自己的观点，使现场氛围发生改变。此时，演说前演说者就要确立一个主题，让演说的观点更符合听众的想法，继而得到大家的认同。

3. 有个好的开端

万事开头难，要想让自己的演说得到别人的认可，就要开个好头。精彩的开头会拉近演说者与听众的距离，让双方产生强烈的情感共鸣。要想让演说具有逻辑性，就要在演说之前，准备充分，采用恰当的语言，不能太过离谱。

4. 掌握好演说时间

如今，时间比金钱更宝贵，演说者要充分利用好自己的时间，灵活运用时间。在演说的过程中，尽量做到长话短说，简明扼要，尽量压缩时间，让听众在最短的时间内听到最核心和有价值的东西。

5. 演说对听众有益

演说的目的就是要给听众传递一些有用的东西，给听众一个启示，要让听众欣然接受你的意见，并使他们受益匪浅。在演说之前，管理者要明确自己的演说内容，明确地把自己的想法和经验表达出来，让听众觉得你的演说内容是真实的、可信的，更具说服力的。

完成一次演说并不复杂，只要认真准备、学习和训练，就能取得成功。要想让演说更具说服力和影响力，就要一步一步地计划好，做到环环紧扣、步步为营。通过演说的动员和激励后，听众才能提高信心和动力，以更好的精神面貌去面对生活和工作，最终实现高效管理。

用语规范，贴切易懂

使用不规范的语言，

用语不贴切，显得没水平？

规范、易懂，才是上策。

演说是表达、沟通和传承记忆的主要工具，也是体现民族特性的重要元素。但是，演说中，很多人都会错误地使用某些词语，甚至说出一些不合语法规范的句子，生造出一些不伦不类的概念和表达。如此只能减少自己的说服力。因此，要想收到好的演说效果，演说者就要不断地规范演说语言，努力维护语言的纯洁性、准确性、完整性和表现力。

一、演说语言要规范

演说语言之所以要规范，主要原因有以下两个。

1. 在某种程度上，语言影响着个人的思维和认知演说者通常都是凭借其先天遗传的“语言本能”或“先天机制”来掌握语言的，但这并不代表语言没有或不需要应有的规范。语言具有两个相互关联的特性：一个是社会性；另一个是它为思想提供共同的表达形式。没有语言，我们就只能依靠感知去获得有限的知识，但语言却能为我们提供更便利的方法去记忆、存储和推理，继而获取和创造更多的知识。混乱的语言导致混乱的思维，还会影响听众的认知，而语言规范则有助于提升演说者思维的清晰性与严谨度，继而提高我们的认知水平。

2. 语言的不规范使用，会影响我们的文化审美甚至道德判断

学习一种语言，也就是学习如何以言行事，如何以言取效，而这些都是规范性问题。了解语言规范，就能知道何谓恰当的、有效的或正确的表达，可以区分雅言与俗语，还可以知道如何避免在语言的使用中“以语伤人”。换句话说，学习一种语言并不只是学习语法知识和语言表达技巧，也是学习与之相关的共同体的规范和价值。每个人都是在父母、亲友、家庭、学校和社会各个方面的教育影响之下学习语言、丰富语言，并进一步扩展使用语言的能力，语言环境对演说者语言的学习和使用都异常重要。

二、演说语言要通俗易懂

弹琴看听众，说话看对象。演说时心中要有听众，知道自己是讲给他们听的。如果他们是普通的群众，就必须使用浅显、平易、朴实的语言，尽量少用专业术语，更不能咬文嚼字，故作高深，否则别人就接受不了。如果听众的文化素养较高，语言就可以文雅些，让自己的谈吐适应他们的水平。当然，能够做到雅俗共赏是最理想的，会让你拥有更多的听众。

但无论如何，为了接近听众、跟听众交流，并受到他们的欢迎，

演说语言最起码要通俗易懂。如何做到这一点呢?

1. 汲取口语

口语的特点：多用简清明快的短句，少用冗繁复杂的长句和倒装句；多用通俗易懂的常用词，少用某些特殊专业或范畴专用的非常用词；多用音节清晰、语调铿锵、易于听懂的词，适当运用一些社会流行的富有生气和活力的新词语。当然，演说运用的口语主要是指多数人能听懂的口语，而不是多数人听不懂的方言土语。要用浅显易懂的语言表达深刻的道理，就要付出更多的心血，认真学习，努力锤炼。

2. 运用熟语

熟语是人们口头流传，之后逐渐固定下来的，有着丰富的内容与精练的形式，包括：成语、惯用语、谚语、格言和歇后语等。虽然字数少，但寓意深厚、言简意赅，只要运用得当，就能让言语简洁，增强演说效果。

熟语分类及说明见表 12-1。

表12-1　熟语分类及说明

修辞	说明
成语	成语是约定俗成的固定词组，具有稳定的结构和整体意义，是经过千锤百炼而约定俗成的语言形式，概括性很强，表现力丰富。在演说中恰当准确地运用成语，就能极大地提高语言的精练程度。例如，想要表达“立了功而不把功劳归于自己”的意思时，可以说“功成不居”；要表达“巴结或投靠权势者从而猎取个人名利”的意思时，可以说“攀龙附凤”
歇后语	歇后语带有隐语的性质，其前一部分是比喻或说出一个事物，后一部分才是真正要表达的意思。比如，要表达“两面讨好”的意思，可以说“快刀切豆腐——两面光”；要表达“假情假意”的意思，可以引用“下雨出太阳——假晴（情）”等歇后语。如此，才能让你的语言变得生动活泼、饶有趣味，给听众留下深刻的印象

续表

修辞	说明
惯用语	惯用语是口语中定型的习惯用语，简明生动、含义单纯、通俗有趣，如果想表达为某人或某事“提供方便”，就可以说“开绿灯”；如果想表达“空许诺言”的意思，可以说“放空炮”。恰当地引用惯用语，可以提高演说的幽默感和说服力
谚语	谚语和惯用语一样，都能为语言增色。谚语富于哲理，句式匀称，音调和谐、具体通俗、形象生动、运用得当就能大大增强表达效果。比如，想要表达“思乡”的意思，可以说“在家千日好，出门一时难”“树高千丈，落叶归根”等谚语

适切语境，话语得体

使用的语言要符合现场语境

否则有失得体！

所谓语境，就是语言的环境。演说时，你面对的是听众，听众是构成语境的一部分；演说内容是构成语境的另一部分，把听众、内容和演说者糅合起来，演说不跑题，听众跟着演说者走，就是最佳语境。

语境对于语言的理解有着异常重要的作用，不仅如此，语境对于语言的使用也有重要的制约作用。不同的语境，人们用来交际的言语方式也不尽相同，能够达到不同的交际目的或完成不同的社会功能。当然，这里的语境主要指的是非语言语境，在特定的语境使用相应的语言，才能使交际活动顺利进行，才能实现不同的社会功能。

虽然演说离不开技巧，但一味地追求技巧，而忽视了主题和听众，即使讲得天花乱坠，也无法达到好的效果。所以一定要创造切合的语境，说得体的话。比如，可以根据主题和对象先拟一个提纲，之后经过进一步加工，变成演说稿，再正确运用技巧：可以搜罗一些有力的事例增强说服力；增加形象的图表代替枯燥的解说；加入一些准备好的玩笑，活跃气氛；增加与观众的沟通；以与观众进行一些互动等。

那么，演说中常见的语境有哪几种？不同内容和目的的演说，需要营造不同的语境，使用的语言和技巧也不同。设计演说时，就要先努力进入语境，这是成功演说的基本元素。

1. 神圣的语境

例如，布道演说，或激发听众对某类事务的使命感和责任感。这时候，就需要站在时代的高度和历史的深度，多引用圣哲语句，或直问人群的灵魂深处。

2. 激情的语境

常用于一个行动开始之前、表达对一个事件的激烈观点时、对一个人或纪念日表达感情时。

3. 幽默的语境

常用于就职演说、开幕式、总结演说、化解危机演说等场合。

生动优美，诙谐幽默

演说语言要生动一点
更要幽默一些

演说，是一种直抒胸臆的语言表达，是一门语言艺术，幽默作为语言的润滑剂，是名人演说中不可或缺的亮点。

一次偶然的机会，美国大作家马克·吐温与雄辩家琼西·M·得彪应邀参加同一场晚宴。

晚宴上，演说开始。马克·吐温一上台便滔滔不绝地讲了20分钟。他语言风趣，思想犀利，赢得了一阵阵热烈的掌声。就连演说者得彪也被他深深地折服了。

轮到得彪演说时，他站起来，面有难色地说："诸位，实在抱歉，会前马克·吐温先生约我互换演说稿，所以诸位刚才听到的是我的演说，衷心感谢诸位认真地倾听以及热情的捧场。然而不知何故，我找不到马克·吐温先生的讲稿了，因此我无法替他演说了。请诸位原谅。"

真正的幽默是从内心涌出的，更是从头脑中涌出的。在演说活动中，幽默的作用很大，使用得当，就会带来很大的利益；使用不当，则会适得其反。

适度的幽默可以让双方精神放松，进一步密切双方的关系，继而建立良好的气氛，营造一个友好、轻松、诚挚、认真的合作氛围。

1930 年 2 月 9 日，蔡元培 70 岁大寿，上海各界人士在国际饭店为他隆重设宴。虽说是生日宴会，但由于蔡先生德高望重，大家都很敬重他；再加上来了不少政要，气氛有些庄重。

嘉宾发表完祝寿辞后，蔡元培开始答谢。他风趣洒脱地说：“诸位来为我祝寿，不外乎要我多做几年事。我活到了 70 岁，就觉得过去 69 年都做错了。要我再活几年，无非是要我再做几年错事罢了。”

大家一听，顿时哄堂大笑，庄重的气氛变得轻松起来。

机智的幽默含蓄而又婉转、犀利而又忠厚，让人觉得尖利而不鲜血淋漓，不会灼伤。机智的幽默不是哗众，诙谐的语言能将话说到对方的需求点上，让对方认同你的观点，给人们带去无法估量的利益。

老舍是我国著名的语言大师，不仅文章写得好，也是一个异常幽默的人。在一次演说中，他说：“我今天给大家谈 6 个问题。”接着，就开始“第一、第二、第三、第四、第五……”，逐条逐条地谈下去。

谈完第五个问题，老舍发现离散会的时间已经不多了，于是提高嗓门，一本正经地说：“第六，散会。”

听众先是一愣，之后立刻欢快地鼓起掌来。

对于演说者来说，幽默感异常重要，可以帮助演说者吸引听众的注意力，保证演说的效果。

幽默是每个人都具备的能力，只要熟练运用，就能提高演说效果。

1. 自黑式幽默

演说中一个必不可少的环节就是自我介绍，跟听众第一次见面，需要简短地介绍自己。适当地运用一些自嘲，就能帮你迅速拉近与听众的距离，打破沉闷的局面。

胡适曾说过这样一段自嘲式开场白：“我今天不是来向诸君作报告的，我是来‘胡说’的，因为我姓胡。”话音刚落，听众就迸发出一阵大笑。

这段开场白既巧妙地介绍了自己，又体现了演说者谦逊的修养，活跃了现场的气氛，拉近了演说者与听众的距离。

2. 互动式幽默

比如，相声。它生于小剧场，兴于小剧场，不同于春晚中观看的相声节目，小剧场可以给观众以互动感，演员会与现场的听众进行互动。同样，演说也需要互动式幽默。听众的注意力容易分散，只是站在台上涛涛不绝地讲，如同老师授课一样，听众就容易瞌睡。为了活跃气氛，完全可以插入一些互动，提些奇怪的小问题，或来个趣味小调查，让听众的注意力集中在你身上。

3. 即兴发挥式幽默

许多即兴之言都是经过计划和准备的结果。平时多收集一些笑话和段子，在演说时灵活运用，可以使演说更加“接地气”“合时宜”。即兴发挥考验的是个人平时积累的能力，所以要多收集一些小段子，把它们记下来，为演说的时候提供便利。

思维敏捷，反映迅速

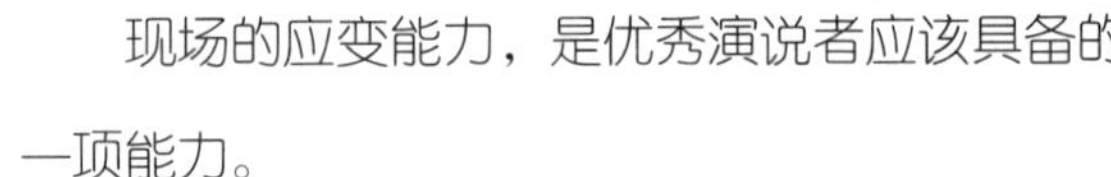

现场的应变能力，是优秀演说者应该具备的一项能力。

随机应变离不开灵机一动的聪明，但任何聪明都离不开日常对知识的积累。让人叹服的随机应变，实际来自于超越聪明的智慧。

一次，有个学校举行了演说比赛，演说规格不高，但组织方式奇特，没有专门的评委，入场的师生都持有一张选票，待比赛结束后，听众直接在选票上打勾，然后以票数多少排定名次。为了赢得演说比赛，演说者必须用所有的精力去“讨好”听众，而不是所谓的专业评委。从某种意义上说，演说者要讲出气氛来，要把场面“煽”起来。

这个比赛给了演说者很大的压力，重压之下，发生了事故。有个演说者站在台上30秒，脑子里一片空白，在台下背得滚瓜烂熟的词儿大概全跑到爪哇国去了。台下数千名观众的目光，犹如千万把利剑将他逼到了世界的最后一个角落，脑子里只有一句话：我要讲什么？我要讲什么？

就在他这样想的时候，更可怕的事发生了，“我要讲什么”竟然脱口而出。当演说者从音箱里听到自己不由自主发出的声音时，结果下意识地又重复了一句“我要讲什么呐？”

结果，这两句话说完，僵硬的思维一下子活跃起来，于是，这篇演说的开头就变成了：

“我要讲什么呐？我要讲什么呐？讲人生意义，大家可以去听一听李燕杰老师的报告，那比我讲的更有哲理性；讲时事政治，大家可以去看一看《人民日报》，那比我讲的会更有权威性。好，今天就让我来讲讲我们、讲讲我们的青春理想和爱情！……”

讲到此处，刚刚失踪的词句一下子都涌到眼前，整个演说顺畅自然。有人在会后做了统计，15 分钟的演说除了头尾的两处礼貌性鼓掌，竟有 8 次被掌声打断。

这次演说之所以能取得成功，完全有迹可循。

1. 静场 20 秒

虽然是演说者忘稿而产生的无意识行为，但这短暂的停顿却是吸引观众注意力的有效武器。上台后可以稍停一下，当停到听众刚开始想你是不是忘稿的时候，开始流利地说话。

2. 任何时候都要说下去

张嘴就说，想说什么就说什么，说着说着断了的思路就会重新接上。这是消除忘稿紧张最好的办法。不过，千万要注意，语气要尽量平缓，少用言辞激烈的排比，给自己的思维创造灵动的空间。

一、错误地随机应变

演说者一定要记住，不要拿评委和观众开玩笑。

一名演说者上场时被电缆绊了一跤，观众哄堂大笑。演说者满脸绯红地站到台上，竟说了这样一段话：

“刚才不小心摔了一跤，我就先给大家讲一个关于笑话别人摔倒的对联。那副对联的上联说：‘滑倒老夫子，笑倒一群牛。’笑话别人不幸的人不是君子，而是一头蠢牛！”

本来大家对他跌倒发出的笑并无恶意，甚至还以他能用摔倒开始演说，佩服他的机智。听了这句话，全场哑然。台上的他，俨然一头活脱脱误闯入菜园的蠢牛。

还有一例：

演说者上场后，说出的第一句话就出了致命的笑话。他本来是想说“我是一名纺织工人”，可不知怎么回事，竟说成“我是一名纺织女工”，全场愕然。看清楚他是一位标准的社会好青年，大家禁不住笑了起来。结果，这一笑坏了，演说者误会了大家的笑声，说：“大家为什么笑？我想一定是看不起我们纺织女工，请大家想一想，如果没有我们纺织工人，你们（用手势指着场下）到现在还披着树叶穿着兽皮呐！”

持与大家明显敌对的态度，中间没被轰下场，多亏了台下这些可能“穿着兽皮”的听众。至于他在台上讲了什么，已经没人愿意去听了，他自然也只能收获人们反感厌恶的目光。

现在，试着就两位演说者遇到的情况拟定其他开头。

第一种情况：摔倒后沉着地爬起来，面带微笑，站到话筒前。

“尊敬的老师，亲爱的朋友们，您知道我为何倾倒吗？（此处把

“摔倒”悄悄改成“倾倒”）一为了刚才大家给我的热烈掌声，谢谢大家（掌声）；二为了前边选手的精彩表现；三为了评委们渊博的知识；四为了主持人的美貌和高雅的气质。（笑声、掌声），当然，我的倾倒也一定有所回报，相信大家也会为我精彩的演说而倾倒。我的演说题目是……”

第二种情况：可以用两种办法应对：

（1）如果没能意识到大家为何发笑，就要停下来，以调整音响等为借口来争取时间，搞清楚大家发笑的原因。实在不知道大家为何而笑，请不顾一切继续讲下去，总不会一路错下去。

（2）如果知道大家发笑的原因是因为自己把堂堂男子汉说成了“纺织女工”，可以如此应变：

“大家一定在为我的自我介绍发笑，一个堂堂男儿，怎么成了纺织女工？这是因为在纺织工人当中，我们男工只是少数，而女工则占据着绝对的统治地位，我们已经习惯了说，我们纺织女工。但今天我要给大家讲的是一个纺织男工的故事……”

应变主要是指，能根据情况的变化采取适当的应对行为。应变在演说中具有十分重要的意义，因为所有的讲话，不一定完全按照事先预定的步骤发展，必然隐藏着一些不可预知的东西，演说者只要冷静机智、应对得当，便会使演说过程更加生动，从而优化传播效果。

拥有良好的应变思维能力可以将演说中遇到的问题处理得如行云流水，滴水不漏；可以积极回应偶遇的外界刺激；可以机智地处理不可预料的突发场面。总之，不掌握灵活的应变技巧，遇到出其不意的事情，就可能陷入一种尴尬的境地。

演说过程中遇到的意外情况，不只是自己忘记了接下来要讲什么，或说错了一个词。如果外来的事情干扰了演说，演说者也需要冷静。

二、头脑冷静，敏捷反应

1. 出现口误，怎么办

如果发现自己说错了某个词或表达错了某个观点，想要改正过来，就需要掌握一定的技巧。关键是，不要因为口误而影响了演说的连贯性、完美性与和谐气氛。具体处理口误的方法有以下几种。

（1）直接道歉

多数演说者都会犯错，听众多半都会持原谅的态度。但这种方法过于直接，可能会影响演说的连贯性。

（2）继续下一话题

忘记自己的口误，装作什么都没有发生，但在快结束的时候，可以问问听众：是否注意到你犯了一个错误？这就是在告诉听众，你是在检验他们注意力是否集中？

（3）现场改错

比如，演说者在发生一个口误后，立刻大声说："朋友们，难道你们认为是这样吗？"

2. 忘词时，如何做

演说中的忘词一共包括两种情况：一种是忘记一个词或一句话；另一种是忘记接下来要讲什么。这时候，不要像猴子一样急得抓自己的头皮，必须集中精神，争取在几秒钟之内想起这个词语或想起接下来要讲什么。

在想的过程中，要用一定的动作或语言向听众证明一件事情：你并不是忘词了，而是在想一个更加合适的词语，或另有所图。可以给听众思考的时间，故意停顿，引起听众的关注；可以重复一下前面说的内容；如果实在想不出来，可以用另一个词替换。

3. 出现意外，如何应对

演说的时候，听众推门进来，手忙脚乱地寻找座位。或者，当听众都在聚精会神地听你的演说时，某人发出了奇怪的声音。这时候，听众的注意力都被意外事件吸引了。所谓意外事件就是指自己不曾预料到的、并非直接由自己导致的事件。处理这类事件，需要一定的应变能力。

演说者演说的时候，突然停电了，大厅里一片漆黑。演说者的声音清晰地传到了听众的耳朵里："看样子，现在我们不得不在谈论的主题上发一些光。"听众的注意力迅速被转移，演说得以继续进行。

第十三章 典型的情景演说

回顾经典的情景演说

学习别人的演说案例

是每个演说家成才的必由之路

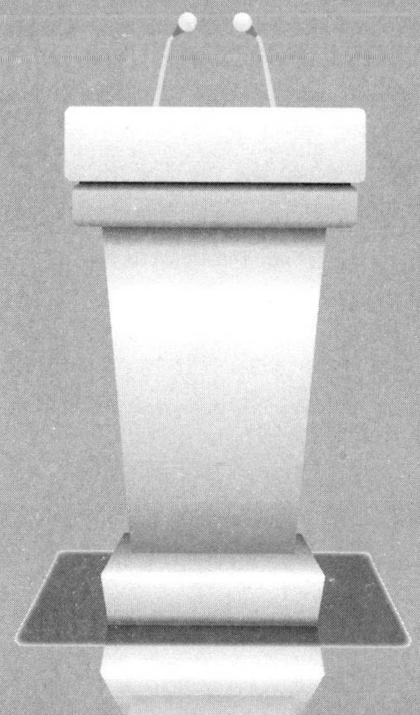

会议演说

一、经销商大会演说

尊敬的各位来宾、经销商朋友：

首先，我代表公司全体员工感谢各位来参加我们举办的经销商大会，感谢大家长期以来对公司的关爱和支持！

想想过去走过的岁月，我认为，我们之所以能风雨同舟、互惠互利、实现双赢，关键在于建立起了兄弟般的情谊，互相尊重、互相信任。我们追求的固然是事业上的成功和生产与销售效益的提高，但看重的依然是人品，是彼此之间存在的亲密关系支撑起的强大的营销网络。可以说：没有你们，公司的生产形势就不会这么好；没有你们，公司的销售格局也不会如此宽；没有你们，公司的声誉也不会越传越远。在此，我再一次深深地感谢大家！

在今天的大会上，我想给大家通报“三个情况”、做出“三个承诺”、提出“三个希望”。

（一）“三个通报”

1. 通报公司今年的生产计划

今年我们的目标是生产 4 万个防盗门，根据市场需要进一步生产多元化的品种，提高市场影响力。

2. 通报销售网络的扩展设想

公司将大力扩建销售网点，扩大对外宣传，提高知名度。

3. 通报今后的营销工作思路

随着生产和销售规模的扩大，对超额完成销售计划的经销商，公司将会给予数额可观的经济回报，不仅会加大渠道拓展、市场推广的投入，还会拿出更多的利润对销售完成率较好的经销商给予奖励。

（二）“三个承诺”

1. 保证按时供货

公司会采用科学的运营管理模式，将产品及时送到客户手中。如果供货不及时，公司将承担因延时供货给大家造成的经济损失。

2. 保证让利给大家

能直接送货的，公司会直接送货，给大家留下更大的利润空间；不能直接送货的，就多跑几家，把货送到离大家最近的地方。

3. 保证产品质量

公司会以更优质的产品开拓市场，提高产品质量。如果出现质量问题，公司会重新制作，把有问题的产品消除。

（三）“三个希望”

1. 希望大家多来公司，多为我们出主意、想办法，要将意见和要求及时反馈到公司，由我们进行目标明确的革新，最大限度地满足顾客的需求。

2. 希望大家以诚实守信的心态对待合作，互相理解，互相支持，互相帮助。遇到困难找公司，我们会大力支持！

3. 希望大家能一如既往地支持公司的发展，把才华都施展在合作的事业上。

让我们以百倍的信心迎接一切挑战！让我们以更亲密的关系迎接

挑战！我相信，大家一定会生意更加兴隆、财源广进。

谢谢！

（内文节选自百度文库《2015年经销商会议发言范文》，有删减）

宴会演说

1. 生日宴会讲话

尊敬的女士们、先生们：

大家好！

今年我的生日，适逢阴历和阳历双“8”，在我50年的人生中，尚属首次，也可能是仅有的一次。我感到非常荣幸。

在生日宴会即将开始的时候，我首先要感谢我的父亲母亲。50年前的今天，他们把我带到了这个世界上。虽然我在家里排行老二，尽管我出生时家里正饥寒交迫，尽管在许多人看来我的出生是一个错误，尽管我的生命在暗无天日的社会显得异常渺小。但是，在父母眼里，我始终都是他们最心爱的宝贝。为了抚养我，父母织过布、纺过线、拉过煤、卖过炭，甚至沿街乞讨要过饭。正因为这样，即使我的生命微小如尘，却拥有了世界上最伟大的父亲母亲。

我还要特别感谢岳父岳母。他们没有嫌弃我的家境贫寒、生活艰难，把最心爱的女儿嫁给我为妻，使我拥有了最甜蜜、最美满、最幸福的爱情，也有了最温馨、最美好的家庭。不仅如此，长期以来他们还在经济上给了我们最无私的帮助，即使我当了军官、挣了工资，每次回家，他们依然要给我钱。我深深体会到，他们给予我的，不仅是钱，还有金子一般的心。

我要深深地感谢我的老婆。当初，我还是个不名一文的小战士，在许多人的反对声中，她毅然买了火车票，千里迢迢来到部队和我结婚。她始终认为，作为女人，幸福的实质不是过啥样的生活，而是和谁在一起。在这惊世骇俗的行为背后，是她的大美、大爱、大智慧。

我刚从部队转业，挣钱不多，正赶上她也下岗。她没有抱怨、没有等待，推起三轮车卖肉夹馍，虽然遭到很多人耻笑，却为自己的自食其力骄傲到今天。你们说，世界上还有这样好的老婆吗？一定有！我老婆就是这样的人。此时此刻，我要对她说，从今往后，你不要做美容、不要贴面膜、不要买化妆品，因为在我的眼里，你就是天下最美丽的女人。

我要感谢我的女儿。她降生到我家，让我几乎在一夜之间成熟起来，让我学会了担当和尽责。她无法选择自己的父母，但她选择了热爱自己的父母。她有选择朋友的权利，但她首先选择我们两口子做她终身最好的朋友。

我要感谢我的女婿。他娶我女儿为妻，能像我一样呵护她、爱护她、宠着她，把她视若珍宝，使我和她妈都感到很庆幸。最重要的是，他加入我们家，使我有了儿子。从今往后，我和女婿共同奋斗的目标是多年的父子成兄弟。

我要感谢在座的所有晚辈。我对你们没有贡献，也没有照顾，但你们却把我当成长辈而尊敬，当成朋友而坦诚。一个男人，只有当着晚辈的面，才会有强烈的成就感。

我要感谢所有的朋友。你们给我自信、给我力量、给我尊严、给我动力。一个人没有事业，人生荒凉；没有朋友，人生残缺。我一定要把和朋友的友情铭记终生，常怀感激。

最后，在我 50 岁生日到来之际，我总结一下自己半生的体会：一个人一生所创造的财富，不能用来为家庭和亲人服务，将一文不值；一个人创造的财富，如果不能为社会所用，这样的财富就是负数、负能量。

为了国家和民族的兴旺，为了劳苦大众的幸福，为了天下父母的笑颜，为了所有亲人的健康，为了所有朋友的安康，为了幸福就像雨点一样，请举起手来，一起干杯！

谢谢！

（内文节选自第一公文网《生日宴会讲话稿》，有删减）

2. 图书交易宴会欢迎词

女士们，先生们，朋友们：

在春风和煦的美好时节，我们迎来了第十五届全国书市（全国图书交易博览会）的开幕。我谨代表市政府和全市 3 千多万人民，向光临书市的各级领导、各位嘉宾和海内外各界朋友表示热烈的欢迎和诚挚的感谢！

我市是著名的历史文化名城，在浩荡的历史长河中，她以其明显的区位优势和突出的辐射功能，成为区域性的政治中心和商业物资集散地，历千载而不衰。未来十几年，我们将以更高的标准、更大的气魄、更实的作风，推动物质文明、政治文明、精神文明与和谐的社会建设，努力把我市建设成为长江上游的经济中心。

全国书市首次在我市举办，充分体现了国家新闻出版总署等中央部委对我市文化产业发展的关心和厚爱，必将对我市的文化建设起到积极的推动作用。我们将珍惜这次难得的机会，坚持“突出主题，强化特色，着力创新，拓展内涵，扩大影响”的宗旨，努力把“第十五届全国书市”办成一次检阅全国出版成果、促进出版业繁荣发展的盛会；一次加强全国业界沟通联系、扩大交流合作的盛会，让人民满意，让出版界满意。

各位嘉宾，女士们、先生们，为期 7 天的第十五届全国书市已经拉开序幕，各位要在我市多走走、多看看，尽情领略山城的旖旎风光，为我市的改革发展，特别是文化建设多提宝贵意见。

现在，我提议，为第十五届全国书市（全国图书交易博览会）的圆满成功，为各位领导、各位嘉宾、各位朋友的身体健康、工作顺利，干杯！

谢谢！

（内文节选自金锄头文库《图书交易会议晚宴欢迎词》，有删减）

庆典演说

1. 公司周年庆演说

尊敬的各位领导、各位来宾、亲爱的朋友们：

大家好！

在 ×× 公司成立 20 周年庆典的特殊日子里，我很荣幸地站在这个舞台上，代表广大合作伙伴与用户发言。同时，自己也有些不安，怕自己的发言不能完全表达出合作伙伴与用户此刻的心情。但我想，大家都有一个共同心愿，那就是——由衷地祝福公司在未来大展宏图，更上一层楼！

在过去的十年中，我们目睹了公司一步一个脚印的发展过程，领导和员工都非常了不起，他们用最优质的服务和最踏实的劳动向我们展示了自己在同行业中的竞争力，在这里，我代表广大合作伙伴与用户向他们十年来付出的艰辛努力致以崇高的敬意，也向公司取得的显著成绩表示热烈祝贺！

今天，公司已经是业内具有一定影响力的公司。在多年的合作中，员工勇于进取、诚信服务、兢兢业业，给我们留下了深刻的印象。领导低调作人，高调做事，赢得了许多客户的赞誉。在这里，我代表广大合作单位和客户对 ×× 公司多年的努力表示感谢。感谢他们多年来坚持的“责任为根，诚信为本”的价值准则，为我们提供最优质的服务；感谢 ×× 公司从客户利益出发，想客户之所想，急客户之所急，为客户提供了最贴心的服务；感谢 ×× 公司与各合作单位融洽相处，互帮互助，实现共赢！

作为合作伙伴与客户代表在这里发言，我感到很荣幸；回想和 ×× 公司一起走过的日子，我也感到很快乐。有这样优秀的领导者、认真务实的员工，相信 ×× 公司的发展前景定然是远大的！

最后，再次预祝 ×× 公司的事业蒸蒸日上！祝本次庆典圆满成功！祝各位同仁万事如意！

谢谢！

（内文节选自百度文库《公司周年庆典发言稿》，有删减）

2. 公司三周年庆典演说

各位来宾、同仁：

大家好！

千帆竞发，百舸争流，我公司在 ×× 市场经济大潮中顽强探索，积极反思，以自强不息和永续经营的创业精神，与全体员工同舟共济、昂首阔步，迎来了 ×× 大楼的辉煌落成，在各级领导的关心与爱护下，迎来了公司三周年庆典的隆重召开。这一切都是公司努力进取和迅速崛起的伟大标志，代表了公司历史新纪元的全面开始！

历史的演绎、时代的进步，势不可挡。对于不断在拼搏、实践、奋斗道路上不辞劳苦的领导者来说，必然要为此而付出昂贵的代价。但是，对于一个对事业充满信心、奋发向上的创业者来说，却是一种宝贵的投资，是高层次的创业，也是达到成功道路上必不可少的重要资源。

从历史发展的角度来看，公司以其自身的努力和拼搏，已经出色地完成了她关键性的奠基期，系统化、规范化、科学化的管理已逐步走向完善。如今，正以矫健、豪迈的步伐，跨进环保事业崛起腾飞的第四个年头。

公司长大了，公司成熟了，具有强烈积极向上的心态。在竞争中顽强探索，不断寻求突破，必然会给 ×× 公司注入永续经营的强大动力。我们相信：我公司一定能在经济大潮中取得辉煌的成就，一定能腾飞！

三个春秋，一千多个白昼与黑夜，披星戴月，天属地寒，凭的都是一颗火热的雄心，凭的都是一颗火红的爱心。公司全体员工用自己的双手和智慧，用心血和汗水谱写了三个火红的年华；他们用勤劳和耐心，用热情和爱心描绘出明天的图画！

每一个举止、每一个微笑、每一个希望、每一个计划都充分弘扬了同样一个目标。公司的计划是宏伟的，前景是璀璨的。在新的事业扬帆出海驶入第四年之际，让我们共同祝贺：×× 公司，生日快乐！

回顾过去的发展历程，面对未来的机遇与挑战，我们满怀信心，让我们共同期待明天会更好。

谢谢！

（内文节选自百度文库《公司三周年庆典讲话》，有删减）

感恩演说

1. 感恩母亲演说

亲爱的老师、同学们：

上午好！

首先，感谢让我参加这次活动的所有人。今天，我演说的题目是《感恩父母心》。

孝，是人之根本。只有懂得感恩父母的人，才能更好地感恩他人，感恩社会。亲爱的同学们，你们想过没有：从出生到现在，那个被我们称为母亲、称为妈妈的人，为我们做过什么？

当你 1 岁的时候，她喂你吃奶，给你洗澡；而作为报答，你整晚地哭闹；

当你 3 岁的时候，她怜爱地为你做菜；而作为报答，你把一盘她做的菜扔在地上；

当你 4 岁的时候，她给你买下彩笔；而作为报答，你涂了满墙的抽象画；

当你 5 岁的时候，她给你买了漂亮的衣服；而作为报答，你穿着它到泥坑里玩耍；

当你 7 岁的时候，她给你买了球；而作为报答，你用球打破了邻居的玻璃；

当你 9 岁的时候，她花钱给你报钢琴辅导班；而作为报答，你却旷课，不去练习；

当你 11 岁的时候，她陪着你和朋友们去看电影；而作为报答，你让她坐到另一排；

当你 13 岁的时候，她建议你把头发剪了，你却说她不懂现在的流行发型；

当你 14 岁的时候，她支付了一个月的夏令营费用，你却整月没给她打一个电话；

当你 15 岁的时候，她下班回家想拥抱你一下；作为报答，你转身进屋把门插上了；

当你 17 岁的时候，她在等一个重要电话，你却抱着电话和朋友聊了一晚上；

当你 18 岁的时候，她为你高中毕业感动得流下眼泪；你却跟朋友在外聚会到天亮；

当你 19 岁的时候，她花钱供你上大学，你却让她远点下车，怕同学看见笑话……

这就是母亲为我们做过的事情。当然，母亲为我们做得还远远不止这些！

“滴水之恩，当涌泉相报！”亲爱的同学们，我们回报给父母的又是什么？在他们劳累一天后，你是否会为他们递上一杯茶，送上一双拖鞋？是否为他们洗过一件衬衣，哪怕一双袜子？是否觉察到父亲已经微微驼了的背、母亲那满脸的皱纹、缕缕的银发？

亲爱的同学们，让我们一起珍惜父母在身边的日子吧。在我心中，父母一直都是我的奇迹。不要等到我们失去他们的那一天，才发现我们不曾做的还有很多……让我们从现在开始学会感恩。真心为父母做些事情，即使捶捶肩、洗洗碗，即使陪他们散散步、聊聊天，即使给他们唱段曲子、讲个笑话……

父母的冬天将不再寒冷，黑夜将不再漫长，幸福快乐也会常常陪在他们身旁。让我们一起将这份感恩之心延续！

再此，我祝愿天下所有父母安康，快乐！

（内文节选自百度文库《爸爸妈妈我想对你说》，有删减）

2. 感恩老师演说

尊敬的老师、亲爱的同学们：

下午好！

今天，我演说的题目是《绿叶对根的情意》。周一放学后，我去了母校，听见朗朗的读书声；透过窗户，看到了我的启蒙老师，她还是那么和蔼，那么精力充沛，但少了曾经的风风火火，不再像从前那样青春活力。如今，我已把天真幼稚留给了母校和老师，带着成熟走进了中学。

“老师，您好！”我用羞涩的话向她问好，她还是那样快乐、亲切。她轻轻地说：“是 ×× 吧？”声音听起来依然圆润悦耳。那一刻，我释然。

我一个人静静地漫步在校园里，独享内心的那份宁静与温馨。教学楼对面是一行整齐的白杨，昂首看去，它们已经长高很多，嫩叶在微风中频频点头，好像在聆听什么，又似乎不愿意离开。

树叶，永远都不会忘了根，不论它飘落何方，因为根养育了它。根，也不会忘了叶，不论送走多少叶。叶永远记得根，就像我们永远记得母亲，记得老师，这就是绿叶对根的情意。

谢谢大家。

（内文节选自百度文库《绿叶对根的情谊》，有删减）

节日演说

1. 世界水日主题演说稿

尊敬的各位评委、老师、亲爱的同学们：

上午好！

我是 ×× 区第一小学的 ××，今天演说的题目是《水，无可替代的资源！》。上台前，辅导员老师担心我紧张，递给我这瓶水。(喝水)喝了一口，我干渴的喉咙顿时得到了润滑。我相信，你们一定能在30秒钟内说出水的十几种用途：洗手、洗脸、洗脚、洗头、解渴、养小鱼、浇花……是啊！水，就是如此重要。

水是生命之源。哪里有水，哪里就有生命。水分约占人体体重的

65%，一个人缺水 5%，就会感到意识不清，甚至幻视；没有食物，人最多能活两个月；没有水，最多能活一周。

水是庄稼的命根子。用手抓一把植物，你会感到湿漉漉的、凉丝丝的，这就是水的缘故。

水是工业的血液。制造 1 吨钢，大约需用 25 吨水。制造 1 吨纸，大约需用 450 吨水。食品加工离不开水，酱油、醋、啤酒等甚至都是水的化身。

有水走遍天下，无水难成美景！水路运输便宜、量大、平稳，不会被炸断。钱塘江大潮、珠穆朗玛雪峰、黄山的云海、哈尔滨的冰灯，无一不是水的换景变形。游泳、跳水、冲浪等人们最喜欢的活动，哪个离得开水？可是，在甘肃、宁夏等缺水地区，能让孩子喝上一口净水、洗个澡，却是众多母亲的奢望。

老农用一根粗粗的绳子把一个七八岁大的孩子滑到深深的井底，为的只是一瓢一瓢舀上半桶略带泥沙的饮用水。农户在锅里烧开水，锅的四周都是泛白的碱性沉淀物。再看我们身边：哗哗的流水，只是为了洗一块毛巾！

烈日炎炎的夏天，当你舒舒服服地冲着凉水澡时，你所用的水量就是缺水地区几十人一天的用水量；当你冲洗马桶时，一次的用水量相当于发展中国家人均日用水量；当粗心的你没有拧紧水龙头时，一个晚上流失的水相当于非洲缺水地区一个村庄居民一天的饮用水量……

水在不停地运动，在人体里、在农田、在工厂……世界充满了生机和活力。在大庆，城市的人均水资源占有量仅为 215 立方米，不足全国平均水平的 1/10，严重缺水。大庆市已被国家水利部确定为“国家级节水防污型社会建设试点城市”。经过 40 多年的过度开采，地下水的补给远比不上抽取的速度，全市地下水位迅速下降，主城区已形成 5 560 多平方千米的地下水降落漏斗，地面明显沉降。这种现状不能得到有效治理，大庆将面临灭顶之灾——整个城市无水可饮。不仅如此，过度开采地下水也会让大庆及周边地区的生态系统遭到严重破坏。

同学们，没有电灯，我们可以点蜡烛；没有蜡烛，我们可以点油灯；没有油灯，我们可以点火把；连火把也没有，我们只好静静地等待黑夜过去、黎明到来。而没有水，我们就无法洗脸、刷牙，无法解渴，餐桌上没有了鱼虾，看不到花草树木，不知道什么叫游泳，船舰全部报废，高楼无法建，连小娃娃的哭也没有了眼泪！

在建设“绿色油化之都，天然百湖之城”的进程中，我们也许还无法理解“和谐”的深刻内涵，但我相信只要关掉哗哗流淌的水龙头，就实现了和谐；洗完手之后，关紧水阀，就是和谐；循环使用水，就是和谐。

亲爱的爸爸、妈妈、叔叔、阿姨，我们需要的不仅是新衣美食、最宽的马路、最大的房子，更需要的是一个充满希望的未来！这晶莹剔透的水，滴滴都珍贵。为了我们的健康，为了子孙后代的幸福安宁，为了人类今后的生存和发展，请节约每一滴水！

谢谢！

（内文节选自百度文库《小学生节约用水演说稿》，有删减）

2. 小学生世界森林日演说稿

亲爱的同学们：

春天带来了大自然的万物复苏和欣欣向荣，三月植树月到了，我们不得不对植树绿化这件事重视起来。

我从网上看到：我国的绿化面积不到世界平均水平的一半。但是，我国木材的砍伐量却是世界第一，森林面积不断减少。因此，我们更应该重视森林，爱护森林，从自己做起，从一点一滴做起。

看看现在的环境吧！随着树木的砍伐，城市环境质量日益下降，沙尘暴陆续在各地出现，世界沙漠化趋势明显。作为小学生的我们，还做不了什么大事，但可以从节约每一张纸、少用一次性筷子等小事做起，为祖国增添一份绿色。

我希望通过我们的努力，让清澈的河流漫游鱼群，让鸟儿在枝头放声鸣唱，让狂暴的洪水不再咆哮，让每一座山谷都盛开希望之花，每一条小溪都跳着欢乐之舞，所有的荒原都变成绿洲，所有的生命都得到上天的关爱和人类的善待。

希望大家都行动起来，保护森林、爱护绿化，为祖国增添一棵棵茂盛的树木！

谢谢！

（内文节选自百度文库《保护森林演说稿》，有删减）

商务演说

1. 五四演说

尊敬的各位领导、老师、亲爱的同学们：

大家好！我叫 ××，很荣幸能在这个特殊而富有深刻含义的时刻，上台演说。

90年前的5月4日，3 000多名北京学生高呼“外争国权，内惩国贼”“取消二十一条”“拒绝在合约上签字”等口号，掀开了中国革命的新篇章。这既是一场影响深远的伟大爱国运动，也是一场深刻的思想解放运动和新文化运动。是的！这就是伟大的五四爱国运动。

在这场波澜壮阔的革命青年运动中，爱国主义精神同科学、民主精神凝聚为一体，共同创造了既有深刻内涵，又有鲜明时代特征的“五四”精神。

“五四”精神是中国青年强烈爱国热情的体现，是一种追求进步的精神，更是一种不畏艰难、顽强斗争的精神，是革命前辈给我们留下的一笔宝贵的精神财富——爱国、进步、民主、科学。

转眼九十年已逝，但弘扬“五四”精神对于我们当代大学生来说，依然意义重大。青年是民族的希望、国家的未来！勇于承担历史责任，是五四以来中国青年运动的光荣传统。我们要进一步发扬这一光荣传统，肩负起历史赋予当代青年的使命，把我国建设成为富强、民主、文明的社会主义国家，实现中华民族的伟大复兴！

培根曾经说过：“青春是易逝的，挥霍它，时间也会抛弃你。”我们是新世纪的青年，最先触碰时代的前沿，我们的心跳牵动着民族的脉搏。新世纪的大学生要树立远大理想。

人的一生只能享受一次青春，年轻时就把自己的人生与人民的事业紧紧相连，才能创造出永恒的青春。我们要勤奋学习，立志成才。

21世纪，信息交流日益广泛，知识更新大大加快，形势逼人自强、催人奋进，我们要跟上时代的步伐，更好地为现代化建设贡献力量；我们必须努力学习，打下坚实的知识基础；要善于创造、善于创新、善于实践，把所学的知识运用到改造自我、提高自我中去，不断成才。

我们要注重锤炼品德。优良的品德对人的一生至关重要，在全社会提倡诚信、讲究文明的今天，已经成为知识分子的青年大学生更应该树立正确的世界观、人生观和价值观。我们树立正确的名利观，努力培养良好的品德，提高综合素质，完善人格品质，做个有益于祖国和人民的人。

国家的繁荣富强、人民的富裕安康、社会主义制度的巩固和发展需要几代人、十几代人甚至几十代人的努力。艰苦能磨练人，创业能造就人。青年一代的我们，只有勤俭节约、艰苦奋斗，才能顺应时代发展的潮流，真正将个人的前途和命运与国家、民族的前途和命运紧密结合起来，为祖国奉献青春。

这是当代青年最嘹亮的口号，更是我们青年一代的旗帜！

在这里，我代表全体同学向学校、向老师保证：在以后的学习、工作和生活中，我们一定会牢记历史的教训，不忘使命，弘扬“五四”精神，发扬爱国热情，牢固树立远大理想，将爱国心化作报国行，努力追求知识的更新和素质的完善，争当五四精神的红旗手，为国家的繁荣昌盛贡献自己的力量！

谢谢大家！

（内文节选自百度文库《青春的使命》，有删减）

2. 商务谈判演说

敬爱的评委以及在场的朋友们：

大家好！

我们是代表日本 F 公司的团队，我是总经理林岚。我公司多年来致力于食品包装材料生产线的技术研发，有着丰富的专业知识、技能以及经验，并拥有自己的核心技术。

我们公司的 EVOH 技术全球领先，并与全球多家知名食品生产公司保持着良好的合作关系。近期，客户 A 公司向我公司购买了一批生产线，此生产线在日本本厂的合格率为80%，但是由于A公司工作人员的技术水平、生产环境与日本本厂的环境存在差异，我公司向A公司承诺此生产线的合格率为45%。

经过一些专业测评以及之前的经验，我公司完全有理由相信45%的合格率是较为合理的。A公司希望我们提高合格率，并扣留了我公司5%的技术费。我公司非常重视与A公司的合作，也期望能与A公司继续合作。但是，作为一家有着良好信誉的公司，我们一定会本着负责任的态度，以及“诚信为本”的原则来给出承诺，可以将产品合格率进行略微调整。

如果A公司希望能够再次提高合格率，希望A公司能同意我公司派遣相关人员到A公司进行实地的环境测试，对其工作人员进行技术水平的考核，做出专业及准确的测评，提高生产线的合格率。

我公司希望通过此次谈判，协定一个双方都能接受的产品合格率，并希望A公司能尽快支付我公司5%的技术费。同时，我公司也希望通过此次谈判，跟A公司进行更加深入而广泛的合作。

（内文节选自百度文库《商务谈判演说稿》，有删减）

媒体演说

1. 新闻记者演说稿

各位领导、各位同仁：

大家好！

作为一个广播人，思考最多的一个问题就是，主流媒体如何找准上下结合点，能够让领导和百姓两头都满意？跟报纸和电视比起来，广播是弱势媒体。弱势媒体要发出强势声音，增强吸引力，提高引导力，服务好市委、市政府，真实反映民生、民情、民意。

一个多月来，特别是集中教育活动的新闻实践，让我找到了感觉和答案。全市领导干部大会刚结束，我们深切体会到：跟进就要吃透两头，实干就要贴近两头，领先就要强化两头。我们从领导讲话中真切地领会到一个字“干”，要真干、快干、实干、大干、带头干。

我们从群众的呼声和愿望中，感受到了群众对市委决策的真诚拥护，大家需要干、愿意干、跟着干，切身体会到“人心思变、人心思干、人心思发展、人心思和谐”的迫切需求。吃透上下两头这个“干”字，也激发了我们爱岗敬业的责任心和使命感。

我们要大干特干，发挥广播特点，突出媒体风格，开辟专栏报道、开办专题报道、开展系列报道、开通广播网络音频同步直播，全方位、立体式、流动型、多样化地开展新闻宣传。领导大会上的讲话，说出了我们的心里话，反映了我们的呼声和愿望，谁能干、谁实干，我们就是他的追星族。

学而知进，干而知不足。在宣传推动开展集中学习教育活动的同时，我们也深切体会到自身的差距。我们要创新机制、严格奖惩、抓好示范，引导员工沉下去、蹲下来、跑一线、到基层，亲临现场，采制精品力作。

当前，我们要在新闻改革、节目创新、品牌打造、产业发展、内部管理、用人机制等方面实现新突破，要在多策并举抓学习、坚持不懈抓作风、持之以恒抓实效上下功夫，为建设“富裕、和谐、美丽”的新公司面貌，营造良好的舆论氛围。

谢谢大家！

（内文节选自玛雅作文网《新闻记者演说稿》，有删减）

2. 新闻记者演说

尊敬的领导，各位同仁：

早上好！

今天我们欢聚一堂，共庆第十一个记者节。一直以来，记者这个称谓在我心中都是神圣的。无论是正常工作日，还是法定节假日；无论是大街小巷，还是高山海岛，只要有新闻发生的地方，就会出现记者的身影。自从当了记者，我对这份工作就充满了敬畏之心，总是尽心尽责地完成采访任务。

一年来，我走遍了当地的山山水水，采访了各行各业，时刻把握社会发展动态，及时报道政治经济热点，让读者第一时间了解平阳经济社会发展之变化，让百姓切实感受到我区快速崛起的势头。一路走来，我不仅感受到了这份工作的神圣，也体会到了这份工作的艰辛。

端午节那天，雨下得很大，我到南郊采访，来往坐车共 4 个多小时，甚至还出现了点高原反应，很想呕吐。靠着对工作的执着和热爱，我便将一路的颠簸当作一趟旅游。

记者工作苦在其中，也乐在其中。今年 7 月，李书记去视察温州市唯一的国家海洋权益岛——稻挑山。随行的工作人员坐在舰艇上都脸色苍白，呕吐不止，有些人甚至都不敢爬渔船、登稻挑山，其中也包括市县的媒体朋友。当海浪打湿我衣服的瞬间，我突然意识到，站在国家海洋的战略高度，这次登岛活动意义重大。

我克服了恐惧和疲劳，心里只有一个信念，不管多艰难、多危险，一定要跳进渔船，紧紧跟着领导登上稻挑山岛。幸运的是，那天我正好带了数码照相机，拍下了市县领导视察稻挑山岛的镜头。

离开之后，市局领导还向我要了电话号码，说一定要把照片发给他们。我的心里萌生出巨大的成就感，同时感到很自豪，因为登上此岛的除了领导，只有我。

在大家同贺节日的此时此刻，我将继续收拾好心情，再度铿锵前行，不管采访工作多累多苦，依然用自己的满腔激情，奋斗在采访一线！

谢谢！

（内文节选自 360 作文《新闻记者演说稿》，有删减）

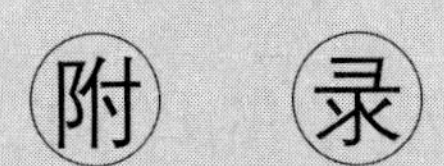
附 录

必须学会公众演说的理由，你知道吗

为什么说比怎么说更加重要十万倍；

找到为什么成为演说家的十个理由！

为什么要学习演说呢？这里给大家列举 32 个理由，看看自己是否知道？

1. 只要学会演说，就能说服比自己有威信、有钱、有地位、有权力的人。

2. 只要学会演说，就能抓住人们的关注点，能够吸引人们的注意力。

3. 只要学会演说，就能找到合适的合作伙伴，共商发展大计。

4. 只要学会演说，就能让他人在最短的时间里喜欢你并信任你。

5. 只要学会演说，就能让别人无法拒绝你，无法抗拒你。

6. 只要学会演说，就能用一对多的方式进行批发式销售。

7. 只要学会演说，就能鼓励员工，提供工作主动性。

8. 只要学会演说，就能处理好危机，让自己起死回生。

9. 只要学会演说，就能激发团队的战斗力、斗志与渴望。

10. 只要学会演说，就能赢得选举，得到他人的支持。

11. 只要学会演说，就可以说服他人购买你的产品。

12. 只要学会演说，就能找到贵人，为你提供帮助。

13. 只要学会演说，就能把钱收回来，减少拖款。

14. 只要学会演说，就能想办法提高团队的执行力。

15. 只要学会演说，就能合理培训人才、建立团队。

16. 只要学会演说，就能用正确的方式来进行采访。

17. 只要学会演说，就能让自己的生活变得富足。

18. 只要学会演说，就能脱胎换骨、改变世界。

19. 只要学会演说，就能对员工进行宣传动员。

20. 只要学会演说，就可以进行一对多的销售。

21. 只要学会演说，就能让成交变得异常简单。

22. 只要学会演说，就能在商务谈判中取胜。

23. 只要学会演说，就能提高自己的影响力。

24. 只要学会演说，就能凝聚团队的向心力。

25. 只要学会演说，就能将矛盾成功化解掉。

26. 只要学会演说，自己就能立刻行动了。

27. 只要学会演说，就能让自己月入百万。

28. 只要学会演说，就能让产品狂销热卖。

29. 只要学会演说，就能顺利主持会议。

30. 只要学会演说，就能成功竞聘上岗。

31. 只要学会演说，就能将产品介绍出去。

32. 只要学会演说，就会更加会充满自信。

学员见证：《引爆演说》让我们改变自我、改变命运

1. 学习改变命运

我叫刘淑宏，出生在沂蒙山区天上王城山脚下的一个美丽的小山村。我在大山里渡过了美好的童年，初中毕业就随父亲来到了山东临沂，一晃就是30年。

来到临沂后，我放弃了一个到铁路部门上班的机会，决定继续上学。大学毕业后，本可以在国企找份工作安稳度日，我却选择了跳槽。在其后的很长一段时间里，给我留下最深刻印象的就是不断的跳槽，最厉害的一年居然连续跳了7家公司。直到最后一家企业，我才稳定下来，一干就是8年。其实，在踏入最后一家公司的时候我就暗下决心，这必须是我的最后一个单位。

现在想想，我过去好像一直都在那里混日子，甚至还负债累累。但是，我心中一直有个梦想，为了心中那个不安份的小宇宙，我开始利用业余时间学习。先是学习了保险专业知识，接着考取了助理会计证、证券从业资格证、基金代理资格证等，虽然积累了一定的知识，但是我发现距离自己的目标还相差甚远。

就在我感到迷茫的时候，在一个大年初一的一次机缘巧合中，我

听了徐一栋老师的一堂线上课，从此与徐一栋老师结下不解之缘。之后花了不到六个月的时间，我系统学习了徐一栋老师《引爆演说》的全部线下课程，这使我不仅学到了超凡的演说能力，还找到了人生方向，并在其后很短的时间内还清了所有的负债，并购置了两栋写字楼。

我的生命开始发生改变，事业开始发生改变，不仅交到了很多志同道和的朋友，还走上了讲台，成了一名家庭教育和财商导师。现在的我每天都充满自信、充满了活力、充满了斗志！在这个团队里，相信会有更多更好的结果等待着我去实现，我相信徐一栋老师，相信引爆演说、引爆临沂、引爆全国！

刘淑宏

2019 年 8 月 1 日星期四

2. 自信的女人最美丽

各位读者朋友，大家好：

见字如面，既然你已经读完这本书，看到这一页，请仔细把我的故事看完，因为自信的女人最美丽！

我叫李娜，来自山东临沂的一个农村小镇。在我小的时候，家里姐妹特别多，家庭生活也非常困难，再加上三十多年前的农村重男轻女，所以那时候我们家过的特别清苦，我的童年生活也特别灰暗。

小时候我就有点男孩性格，做事情从不轻易服输，刚懂事的时候我就暗暗发誓：长大后一定要赚很多很多的钱！我不想像父母一样面朝黄土背朝天地过一辈子，更不想让自己的孩子也过这样的生活，我一定要通过自己的努力来改变整个家庭的命运。

20 岁那年，我遇到了人生中的第一个贵人——我打工服装店的老板娘。可能是觉得农村出来的孩子比较实诚、比较忠诚、比较能干，她开始有意地培养我。第一年做店员，第二年做店长……我一干就是十年，之后在她的帮助下，我开了自己的服装店，生意做得不错，赚到了人生的第一桶金！

最近几年，由于受到电商的冲击，实体店越来越不好干，机缘巧合，我又遇到了一个改变命运的机会——玉美集团生产的一款产品《美人计塑身衣》，这款产品在不增加任何房租员工的情况下，嫁接到我的店里，这让我的业绩翻了十倍以上，我的店也起死回生！

如今，人们的生活条件越来越好，很多女性赚钱的思维也越来越强，火爆的美人计产品，吸引了很多也想做美人计经销商的朋友，但是我不知道如何才能跟她们讲明白这件事。机缘巧合，通过朋友的介绍，我认识了徐一栋老师，参加了徐一栋老师《引爆演说》的培训，之后便运用老师教的方法，开了一场沙龙。当时，到场的虽然只有23人，但最终成交金额却达到了40多万元。

现在，我的团队日渐壮大，追随我的人也越来越多。我特别感谢徐老师，因为这都是《引爆演说》课程赋予我的能力。一路走来，我感恩每一个帮助过我的人，感恩每一个赋予我能量的人。因为正是有了点滴的积累，才有了现在的我，才能做出现在的成绩。

传递正能量，传递爱，我是李娜，很高兴在此刻和大家相遇！

李娜

2019年8月1日星期四